T0110676

Printed in the United States
By Bookmasters

التدريب

الأسس والمبادئ

بسم الـلـه الرحمن الرحيم

(قَالُوا سُبْحَانَكَ لَا عِلْمَ لَنَا إِلَّا مَا عَلَّمْتَنَا إِنَّكَ أَنتَ الْعَلِيمُ الْحَكِيمُ)

صدق الـلـه العظيم

(البقرة: ٣2)

التدريب

الأسس والمبادئ

تأليف

د. صلاح صالح معمار

مدرب في تنمية الموارد البشرية

الناشر

ديبونو للطباعة والنشر والتوزيع

2010

رقم التصنيف: 658.3

المؤلف ومن هو في حكمه: الدكتور/ صلاح صالح معمار

عنـــوان الكتـــاب: التدريب : الأسس والمبادئ

رقم الإيداع: 2008/6/1899

الترقيم الدولي: ISBN: 9957-454-54-8

الموضوع الرئيسي: التدريب/ التفكير/ تعلم/ تعليم

الموضوع الرئيسي: تنمية المهارات / المتدربون/ تنمية القوى البشرية

بيانات النشـــر: دار ديبونو للنشر والتوزيع- عمّـــان - الأردن

* تم إعداد بيانات الفهرســة والتصنيف الأولية من قبل دائرة المكتبة الوطنية

الطبعة الأولى

2010 م

ديبونو للطباعة والنشر والتوزيع

عضو اتحاد الناشرين الأردنيين

عضو اتحاد الناشرين العرب

يطلب هذا الكتاب مباشرة من مركز ديبونو لتعليم التفكير

عمّان- شارع الملكة رانيا- مجمع العيد التجاري

مقابل مفروشات لبنى- ط4

هاتف: 962-6-5337003 ، 962-6-5337029

فاكس: 962-6-5337007

ص. ب: 831 الجبيهة 11941 المملكة الأردنية الهاشمية

E-mail: info@debono.edu.jo

www.debono.edu.jo

إهداء

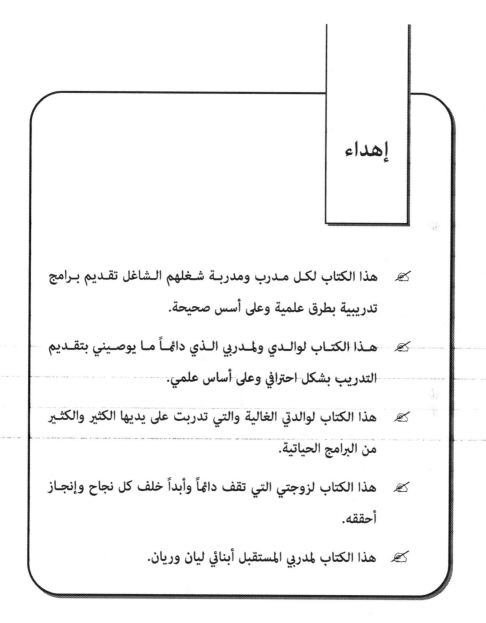

- ✍ هذا الكتاب لكل مدرب ومدربة شغلهم الشاغل تقديم برامج تدريبية بطرق علمية وعلى أسس صحيحة.

- ✍ هذا الكتاب لوالدي ولمدربي الذي دائماً ما يوصيني بتقديم التدريب بشكل احترافي وعلى أساس علمي.

- ✍ هذا الكتاب لوالدتي الغالية والتي تدربت على يديها الكثير والكثير من البرامج الحياتية.

- ✍ هذا الكتاب لزوجتي التي تقف دائماً وأبداً خلف كل نجاح وإنجاز أحققه.

- ✍ هذا الكتاب لمدربي المستقبل أبنائي ليان وريان.

المحتويات

المحتويات

المحتويات

9

المقدمة

لعل الجميع يلاحظ الاهتمام الكبير في التدريب سواء على مستوى الأفراد أو المنظمات، وهذا الاهتمام بدء ملحوظاً في السنوات الخمس الأخيرة خاصة في الوطن العربي.

ومع هذا الاهتمام ظهرت لنا بعض السلوكيات الخاطئة في عالم التدريب، سواء سلوكيات مدربين أو سلوكيات لبعض منظمي التدريب والقائمين عليه.

فظهر لنا المدرب النجم الذي يتمحور حول نفسه، ويقوم بالاستعراض بسيرته ومهاراته في العرض والتقديم وذكر بطولاته وصولاته وجولاته، فيخرج المتدرب منبهراً بهذا المدرب دون أي حصيلة معرفية أو مهارية !!

وظهر لنا المدرب الحكواتي الذي يبدأ برنامجه التدريبي بحكاية وقصة ثم حكاية وقصة ثم حكاية وقصة، ثم ينتهي البرنامج التدريبي !!

وظهر لنا المدرب المستشار والمعالج الذي يدعي علاج الحالات المستعصية العضوية منها والنفسية !!

وظهر لنا المدرب الخبير والكبير والعالمي الذي لا يفقه من التدريب إلا الإلقاء والاستعراض وعمره لا يتجاوز الثلاثين، ويدعي أنه خبير ولا يعرفه إلا أبناء حيه، ويزعم أنه عالمي !!

وظهر لنا المدرب المحاضر الذي وجد له مكاناً في ساحة التدريب، وحقق من خلالها ما لم يحققه في عمله الأكاديمي، فتحول التدريب إلى كم من المعارف وبأسلوب التلقين فكانت النتيجة امتداداً لما حصلنا عليه طوال سنوات الدراسة "كم من المعلومات وشح في المهارات".

وظهر لنا المدرب الداعية الذي وجـد أن دخـول عـالم التـدريب سـهل جـداً ويحقـق أهدافـه، فانتقل كما هو بفكره وبأساليبه وبمهاراته ولكن تحت مـسمى مـدرب، فكـان أسـلوب الـوعظ هـو الغالب، فكانت النتيجة مزيداً من تكوين الاتجاهات الإيجابية لكن دون مهارات!!

وظهرت لنا برامج الساندوتش التي تقدم في سويعات بسيطة وتحمل اسم كبير جداً!!

وظهر لنا التدريب التجاري الذي يتمحور حول الكسب المادي بأي وسيلة وغاية كانت!!

كل هذه الظواهر وغيرها الكثير كانت هي الدافع لتأليف هذا الكتاب الذي اعتمدنا فيه على جمع المواد العلمية المفيدة لكل مدرب من خلال أمهات الكتب في التدريب، بالإضافة إلى وضع لمسات فنية وعلمية مستمدة من خبرة المؤلف في عالم التدريب.

فكان هذا الكتاب الذي نطمع أن يكون مرجع للمدربين، ويكون هو الدليل لهم لدخول عالم التدريب بشكل علمي واحترافي يعيد للتدريب هيبته وأهميته في الوطن العربي. خاصة أنه تم الاعتماد على العملية التدريبية ككل في إعداد وتأهيل المدربين، حيث أن كثير من البرامج الحالية تركز وبشكل كبير على تقديم التدريب دون التركيز على باقي عناصر العملية التدريبية، وهذا ما يميز الكتاب حيث بدأ بالتخطيط للتدريب وصياغة أهداف التدريب، ثم تحديد الاحتياجات التدريبية، ثم تصميم البرامج التدريبية، ثم تصميم الحقائب التدريبية، ثم تنفيذ البرامج التدريبية، ثم تقويم البرامج التدريبية. ونسأل اللـه عز وجل أن يكون وفقنا لتحقيق أهدافنا وأهداف التدريب، ويكون هذا الكتاب مرجع خير لجميع المدربين والمدربات.

المؤلف

مقترح لتطبيق الكتاب كبرنامج تدريبي

اسم البرنامج:

إعداد وتدريب المدربين.

الهدف العام من البرنامج:

إكساب المشاركين المعارف والمهارات والسلوكيات المطلوبة للعمل كمدرب في برامج تطوير الذات.

الأهداف التفصيلية:

يتوقع من المتدرب في نهاية البرنامج أن يكون قادراً على:

1- الإلمام بمفهوم التدريب.

2- التعامل مع الجوانب السلوكية للمتدربين.

3- إتقان الأساليب التدريبية بكفاءة.

4- تحديد الاحتياجات التدريبية.

5- تصميم برنامج تدريبي بطرق علمية.

6- تصميم حقيبة تدريبية بكفاءة.

7- تقويم البرامج التدريبية بمهارة.

مقترح لتطبيق الكتاب كبرنامج تدريبي

المستهدفون من البرنامج:

- كل من يريد أن يكون مدرباً محترفاً متميزاً.
- الذين بحاجة إلى تغيير مسارهم الوظيفي.
- المعلمين والمعلمات في جميع المراحل الدراسية والجامعية.
- المشرفين والمشرفات التربويين.
- مدراء الشركات وأصحاب القرارات.

مدة البرنامج:

(10) عشرة أيام تدريبية ولعدد (50) خمسون ساعة تدريبية بواقع 300 دقيقة يومياً

البرنامج الزمني المقترح للكتاب لتحويله إلى برنامج تدريبي

اليوم	الجلسة	موضوع الجلسة	الزمن
الأول	الأولى	التعارف + مدخل للتدريب	120 د
		استراحة	30 د
	الثانية	نظريات التدريب والتعلم	150 د
الثاني	الأولى	بناء الأهداف التدريبية	120 د
		استراحة	30 د
	الثانية	صياغة الأهداف التدريبية	150 د
الثالث	الأولى	تحديد الاحتياجات التدريبية	120 د
		استراحة	30 د
	الثانية	بناء أداوت تحديد الاحتياجات التدريبية	150 د
الرابع	الأولى	تصميم البرامج التدريبية	120 د

مقترح لتطبيق الكتاب كبرنامج تدريبي

اليوم	الجلسة	موضوع الجلسة	الزمن
		اسـتراحـة	30 د
	الثانية	بناء وتصميم برنامج تدريبي	150 د
الخامس	الأولى	تصميم الحقائب التدريبية	120 د
		اسـتراحـة	30 د
	الثانية	بناء وتصميم حقيبة تدريبية	150 د
السادس	الأولى	تنفيذ البرامج التدريبية	120 د
		اسـتراحـة	25 د
	الثانية	التنفيذ ما قبل التدريب	75 د
السابع	الأولى	التنفيذ أثناء التدريب	120 د
		اسـتراحـة	30 د
	الثانية	التنفيذ أثناء التدريب	150 د
الثامن	الأولى	التنفيذ أثناء التدريب	120 د
		اسـتراحـة	30 د
	الثانية	التنفيذ ما بعد التدريب	150 د
التاسع	الأولى	تقويم التدريب	120 د
		اسـتراحـة	30 د
	الثانية	تقويم التدريب	150 د
العاشر	الأولى	اختبارات وتقييم وتطبيقات عملية	120 د
		اسـتراحـة	30 د
	الثانية	اختبارات وتقييم وتطبيقات عملية	150 د

إرشادات للمدربين:

- ابدأ في الوقت المحدد وتعرف على المتدربين.
- وضّح أهداف الدورة وركز على احتياجات المتدربين.
- كن مبدعاً من بداية الدورة إلى نهايتها.
- التأكد من توفر جميع الأدوات اللازمة وجاهزيتها.
- توزيع المتدربين إلى مجموعات وفقاً لتخصصاتهم ما أمكن.
- التجول بين المجموعات أثناء النشاط للإشراف والمتابعة.
- وزع المادة العلمية للنشاط بعد عرض المجموعات.
- اهتم بالعلاقات الإنسانية وكن متواضعاً ولا تدعي العلم وكن قدوة.
- شجع المتدربين على الأسئلة وعلى تبادل الخبرات.
- حول المعارف إلى مهارات، وابتعد عن التفاصيل وركز على النقاط الهامة.
- نوّع الأساليب والوسائل التدريبية.

إرشادات للمتدربين:

- كن مشاركاً في جميع الأنشطة.
- احترم أفكار المدرب والزملاء.
- أنقد أفكار المدرب والزملاء بأدب إن كانت هناك حاجة.
- احرص على استثمار الوقت.
- تقبل الدور الذي يسند إليك في المجموعة.
- حفز أفراد مجموعتك في المشاركة في النشاطات.
- احرص على بناء علاقات طيبة مع المدرب والزملاء أثناء البرنامج.
- احرص على ما تعلمته في البرنامج وطبقه في الميدان.

الأنشطة والأساليب التدريبية المستخدمة في البرنامج:

● المناقشة (الجماعية - فردية).

● أسلوب المحاضرة.

● ورش العمل.

● الأنشطة الجماعية والفردية.

● المحاكم التدريبية.

● الحوار.

الوسائل التدريبية المستخدمة في البرنامج:

1- جهاز عرض البيانات (Data show Projector).

2- جهاز العرض فوق الرأس (Over head Projector).

3- جهاز تلفزيون.

4- جهاز فيديو.

5- شفافيات.

6- أقلام شفافيات.

7- سبورة ورقية مع أوراق وأقلام الكتابة.

مقترح لتطبيق الكتاب كبرنامج تدريبي

الكتاب وفق مخطط العملية التدريبية كالتالي:

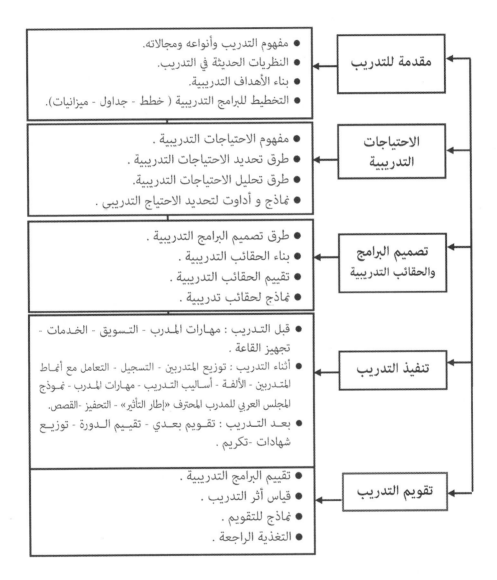

مقدمة للتدريب

- مفهوم التدريب وأنواعه ومجالاته.
- النظريات الحديثة في التدريب.
- بناء الأهداف التدريبية.
- التخطيط للبرامج التدريبية (خطط - جداول - ميزانيات).

الاحتياجات التدريبية

- مفهوم الاحتياجات التدريبية .
- طرق تحديد الاحتياجات التدريبية .
- طرق تحليل الاحتياجات التدريبية.
- نماذج و أداوت لتحديد الاحتياج التدريبي .

تصميم البرامج والحقائب التدريبية

- طرق تصميم البرامج التدريبية .
- بناء الحقائب التدريبية .
- تقييم الحقائب التدريبية .
- نماذج لحقائب تدريبية .

تنفيذ التدريب

- قبل التدريب : مهارات المدرب - التسويق - الخدمات - تجهيز القاعة .
- أثناء التدريب : توزيع المتدربين - التسجيل - التعامل مع أنماط المتدربين - الألفة - أساليب التدريب - مهارات المدرب - نموذج المجلس العربي للمدرب المحترف «إطار التأثير» - التحفيز -القصص.
- بعد التدريب : تقويم بعدي - تقييم الدورة - توزيع شهادات -تكريم .

تقويم التدريب

- تقييم البرامج التدريبية .
- قياس أثر التدريب .
- نماذج للتقويم .
- التغذية الراجعة .

الفصل الأول
مقدمة عن التدريب

اشتمل هذا الفصل على:

📖 مفهوم التدريب.

📖 أهمية التدريب.

📖 أنواع التدريب.

📖 تجارب دولية في التدريب أثناء الخدمة.

📖 أسئلة التدريب.

📖 نظريات التدريب.

📖 الأهداف التدريبية.

الفصل الأول

مقدمة عن التدريب

مفهوم التدريب:

التدريب: عملية مخططة ومستمرة خاصة بإكساب الفرد المهارات والمعرفة المرغوب فيها التي تحسن أداء الفرد وتزيد فاعلية المنظمة.

● التدريب = معارف + مهارات + اتجاهات وسلوكيات.

● التدريب لا يقتصر فقط على العاملين الجدد.

● التدريب مفيد لكل من الفرد والمنظمة.

● هناك فرق بين التعليم والتدريب.

التدريب (Training): **التدريب لغة:** مادة: د ر ب، درب فلان على الشيء: عوده ومرنه، وتدرب فلان تعود وتمرن.

اصطلاحاً: بأنه عملية منظمة مستمرة محورها الفرد في مجمله، تهدف إلى إحداث تغيرات محددة سلوكية وفنية وذهنية لمقابلة الاحتياجات محددة حالياً أو مستقبلياً يتطلبها الفرد والعمل الذي يؤديه والمؤسسات التي يعمل بها والمجتمع بأكمله.

والمؤلف بعد الإطلاع على عدد من تعاريف التدريب وبناء على ممارسته للتدريب يرى أن التدريب هو: مجموعة من الأنشطة التي تسعى إلى إكساب المتدرب المعلومات والمهارات والاتجاهات بناء على حاجاته الملحة باستخدام أساليب تدريب فردية أو جماعية.

ومن التعارف السابقة نلاحظ الفرق بين التعليم والتدريب حيث التركيز على كم المهارات والتطبيقات في التدريب والتركيز على كم المعلومات والمعارف في التعليم.

أهمية التدريب:

1- أن التدريب يهيئ الفرص أمام المتدرب لاكتساب معارف ومهارات جديدة.

2- أن التدريب يساعد على اكتساب مهارات جديدة تتطلبها مهنة المتدرب.

3- أن التدريب يساعد على تغيير الاتجاهات واكتساب اتجاهات ايجابية تجاه المهنة الممارسة من قبل المتدرب، مما يؤدي إلى رفع روحه المعنوية، وزيادة إنتاجيته بالعمل.

4- أن التدريب يكسب المتدرب أفاقاً جديدة في مجال ممارسة مهنته وذلك من خلال تبصيره بمشكلات مهنته وتحدياتها وأسبابها، وكيفية التخلص منها، أو التقليل من آثارها على الأداء

5- أن التدريب باستطاعته غرس مفاهيم وإكساب أساليب التعلم المستمر في المتدرب من خلال تمكينه من مهارات التعليم الذاتي المستمر.

6- أن التدريب يساعد المتدرب على الانفتاح على الآخرين من زملائه بهدف تنميته مهنياً، وذلك من خلال إيجاد فرص الاحتكاك مع الزملاء في إطار المهام والنشاطات الجماعية.

7- زيادة انتماء المدربين والمتدربين إلى مؤسساتهم من خلال الحوار الهادف البناء الذي يولد الوعي بأهمية المؤسسات في المجتمع وفي خدمة البشرية.

8- أن التدريب قادر على تحويل الموظف من وظيفة إلى وظيفة أخرى، وهذا من أنواع التدريب الحديثة وما يطلق عليه بالتدريب التحويلي.

أنواع التدريب:

من حيث التطبيق:

1) نظري: يعتمد على النظريات والمعلومات والمعارف بشكل أكبر من المهارات.

2) عملي: يعتمد على المهارات والتطبيقات بشكل أكبر من المعارف والنظريات.

من حيث المكان:

1) **داخل المؤسسة**: أي يتم التدريب داخل المنظمة أو مكان عمل المتدرب، وهذا النوع مناسب من حيث قلة التكاليف وكذلك التزام المتدربين بالوقت والحضور ولكن يشترط وجود مكان مناسب للتدريب لتحقيق أهداف البرنامج التدريبي.

2) **خارج المؤسسة**: أي يتم التدريب خارج المنظمة أو مكان عمل المتدرب، وهذا النوع مناسب في حالة عدم توفر مكان مناسب للمتدربين للتدريب داخل مكان العمل ومفيد في تدريب القيادات والدورات التي تحتاج إلى متطلبات خاصة.

من حيث الوقت:

1) **قبل بداية العمل**: وهي برامج الإعداد لوظيفة ما، وهذا الإعداد ممكن يكون عام أو خاص ويمكن أن يكون في مقاعد الدراسة أو من خلال المؤسسات قبل التوظيف لإعداد المتدرب لوظيفة ما أو لعمل ما ويتطلب مدة زمنية أكثر من برامج التدريب أثناء الخدمة.

2) **التدريب المستمر لكل العاملين**: يطلق هذا النوع من التدريب، التدريب أثناء الخدمة الذي يقدم للمتدربين في حالة انخفاض الأداء أو ظهور مستجدات تتطلب التدريب أو حتى من باب تحفيز المتدرب وتجديد نشاطه ومراجعة معلوماته.

من حيث التفرغ:

1) **أثناء العمل:** هذا النوع من التدريب يتم والمتدرب في عمله ويقتصر فقط على ساعات بسيطة من التدريب أثناء الدوام الرسمي حتى لا يكون هناك أي خلل في العمل أو قصور في الأداء.

2) **خارج وقت العمل:** وهذا النوع من التدريب يتم في الفترة المسائية إن كان دوام المتدرب في الفترة الصباحية، ويتم في حالة صعوبة تفرغ المتدرب أثناء الدوام الرسمي.

من حيث المدة والفئة المستهدفة:

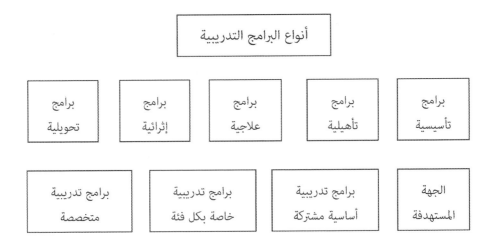

من حيث التخصص:

نوع التدريب	المزايا والآثار المترتبة على التدريب
فني: تدريبات تتم في محددات وظيفة بعينها. عادة ما تقدم داخل مكان العمل وخلال ساعات العمل عن طريق معلمين أو مشرفين متخصصين.	● يساعد على أداء المهام بدرجة عالية من الجودة. ● يتحتم تكراره بشكل منتظم للحفاظ على المهارات المكتسبة حديثاً. ● يفضل دمجه بامتحان يعطي شهادة أو مؤهل.

نوع التدريب	المزايا والآثار المترتبة على التدريب
نوعي: التدريب على مبادئ الجودة الشاملة, بالإضافة إلى الأدوات التقنية اللازمة للتطوير. يحتاج مثل هذا التدريب إلى مدربين على درجة عالية من التخصص.	● يوفر إصلاحاً سريعاً للمشكلات الفردية والمشكلات على المدى البعيد, كما يعود بالفائدة على المؤسسة. ● يؤصل فلسفة للتحسين العملي المستمر. ● يتحتم الحفاظ عليه إلى ما لا نهاية.
مهاري: المحاسبات المالية, والتفكير الخلاق, ومهارات التخاطب, وتكنولوجيا المعلومات, والمكاتبات, ومهارات العرض العامة, وتعدد المهارات واللغات, والمقابلات, والبيع وغيرها - سواء أكان ذلك خارجياً أم داخلياً.	● يستفيد جميع الموظفين من القاعدة العريضة للتدريب. ● معالجة العصبية عند استخدام المهارات أمام الجمهور. ● يحتاج إلى فرص للتمرين لبناء الفاعلية والحفاظ عليها.
متخصص: التعليم للحصول على شهادات في المحاسبة مثلاً, والحقوق, والبنوك والهندسة - خارجياً سواء أكان ذلك كل الوقت أم بعض الوقت.	● يساعد على توفير المهارات الفردية, ويكون قيمة الفرد, وكذلك للمؤسسة. ● يؤدي التخصص إلى اختيار انتقائي أفضل للتعيينات المستقبلية في المؤسسة ويحتاج إلى مجهود على مدى زمني طويل.
وظيفي: التعليم في مجالات التسويق, والتخطيط, وإدارة المبيعات, والمشتريات, وإدارة الموارد البشرية, وغيرها خارجياً, وعادة لا يحتاج مثل هذا النوع من التدريب إلى تفرغ كامل.	● يؤدي التدريب الوظيفي في أغلب الأحيان إلى أداء أحسن وإلى نمو وظيفي أفضل في المؤسسة. ● يتحتم ربطه بتعيينات العاملين. ● عادة ما تتجاهل المؤسسات مثل هذا النوع من التدريب عن خطأ, و« يتمنون الأفضل».

نوع التدريب	المزايا والآثار المترتبة على التدريب
متعلق بالأنشطة: مناهج من نوعية المهارات الخاصة: يتعلم الأفراد من خلاله القيادة والعمل الجماعي بواسطة المشاركة في المهام البدنية, مثل, تسلق الصخور.	● توفر وسائل فعالة لترابط الفريق وإعادة تنشيط قوة العمل. ● يتعين الإضافة إليه, والتنسيق مع تدريبات إدارية أكثر مباشرة واتصالاً بالعمل.
إدارة: توفر الخبرة والمعرفة في مجالات مثل: الإدارة الإستراتيجية وإدارة التغير - بنفس التوجه المائل في معاهد الإدارة - سواء أكان ذلك خارجياً أو داخلياً.	● يتعرف المديرون من خلاله على المشكلات المؤسسية الحقيقية ويعملون على حلها وتأسيس قيم جدية. ● تكون الاستفادة للطرفين في حالة الاحتفاظ الدارسين بالتزامهم.

تجارب دولية في تدريب المعلمين:

ومن أبرز أنواع التدريب، التدريب أثناء الخدمة، وبلمحة سريعة على التدريب أثناء الخدمة للمعلمين عالمياً نجد أن تكلفة التدريب تتفاوت بناء على نوعيته ومدته ففي بريطانيا مثلا تتراوح ما بين 6000 إلى 9000 جنيه إسترليني (نحو 42 ألف إلى 70 ألف ريال).

وفي ماليزيا يكلف تدريب المعلم 500 رينجت بما يعادل (5500 ريال تقريبا) سنويا. وفي سنغافورة تدفع الدولة مبلغا سنويا مقطوعا للمعلم يتراوح ما بين (400 - 700) دولار سنويا (800 - 1400 ريال تقريبا) لتطوير نفسه من خلال حضوره لدورات تدريبية في المعاهد الخاصة أو شراء مستلزمات تقنية.

وفي أيرلندا يكلف تدريب المعلم 3000 يورو (15000 ريال تقريبا)، ويتم مركزيا عن طريق الوزارة. أما في النمسا فيتم التدريب من خلال كلية المدرسين وتدفع الوزارة تكاليف المعلمين البدلاء وأدوات التدريب.

فكان لابد من إشارة سريعة إلى واقع التدريب في الأساس عالمياً وعربياً من خلال التفاوت الكبير ما بين حجم التدريب الهائل وقلة العناية بتخطيطه وتنظيمه، ففي أمريكا مثلاً حيث يصرف ما يقرب من 200 بليون دولار سنوياً على التدريب فإن 12% فقط من هذا الحجم الهائل يخضع للتقويم الجدي، فالمنهجية في التدريب وفي تقويمه غير منتظمة والنتائج غير مقنعة، ويعود ذلك إلى الافتقار للأطر النظرية والعملية الخاصة بتنفيذ التدريب وإهمال المستجدات والتقنيات الخاصة وافتقار المدربين إلى الإعداد الكافي لمهام خبراء التدريب.

ولقد ثبت أن التدريب الفعال للمعلمين هو السبيل الأمثل لتحقيق التطور المنشود في التعليم، لذلك نال اهتمام كل الدول. وقد سعت معظم دول العالم لزيادة التأهيل الأساسي ليصل المعلم إلى المهنة وهو أكثر قدرة على القيام بالدور المنوط به، فزادت سنوات الدراسة كمتطلبات قبل الانخراط في معاهد التعليم، وزادت مدة تدريب المعلمين أيضاً في معاهد تدريب المعلمين. ففي بريطانيا مثلاً زادت مدة تدريب المعلمين إلى ثلاث سنوات بدلاً عن سنتين في عام 1960م ثم زيدت وفي وقت وجيز إلى أربع سنوات ليتخرج المعلم بدرجة البكالوريوس. وفي بعض تلك الدول كالولايات المتحدة الأمريكية أصبحت درجات الماجستير أمراً عادياً بين العاملين في حقل التعليم.

أما في الدول النامية فأن التعليم الثانوي يستوجب مؤهلاً جامعياً والتعليم دون ذلك يعتمد على التأهيل من معاهد المعلمين، والتي تتطلب تأهيلاً أساسياً أو ثانوياً في الأكثر. وقد سعت كثير من هذه الدول لتحسين مستوى معلميها وزادت متطلبات الالتحاق بالمعاهد؛ ففي كثير من الدول أصبح الدخول إلى معاهد المعلمين مساوياً لشرط دخول الجامعات.

وفي سبيل تحقيق التطور الكمي والكيفي في التعليم تسارعت عملية إنشاء معاهد المعلمين، كما أن الجامعات أنشأت الكليات المتخصصة لهذا الغرض وفتحت الأبواب للمعلمين للانخراط فيها. إلا أن الأمر لم يكن بهذه السهولة بالنسبة للدول النامية، فحركة إنشاء المدارس وتوسع التعليم لم تكن لتواكب تزايد السكان وبالتالي زيادة المعلمين المدربين لم تكن بالقدر الكافي.

27

ففي الهند على سبيل المثال نجد أن 50٪ من المعلمين في المدارس الابتدائية غير مدربين، وكذلك 90٪ من المعلمين في المدارس الثانوية (3). وهذا الوضع يكاد ينطبق على معظم دول أفريقيا وآسيا وأمريكا الجنوبية ودول البحر الكاريبي، وهنا يبدأ التساؤل عن إمكانية معاهد تأهيل المعلمين في توفير العدد الكافي من المعلمين. وفوق ذلك فإن تأسيس تلك المعاهد أمر مكلف، فتكاليف المباني والسكن والإقامة بالنسبة للمتدربين وتأسيس تلك المعاهد بالوسائل المناسبة، وكذلك تأهيل المدربين العاملين بها مما يستوجب أحياناً إرسالهم في بعثات خارجية لمدة عامين أو ثلاثة. كل ذلك بالطبع يكلف أموالاً طائلة.

وفي مواجهة هذا الوضع اضطرت كثير من دول العالم الثالث - نسبة لعجز معاهد تدريب المعلمين عن توفير المعلمين المدربين بالقدر الكافي الذي يتناسب مع زيادة المدارس والتوسع المطلوب في التعليم - إلى استيعاب المعلمين دون تدريب أساسي مما جعل القضية أكثر تفاقماً.

وفي مواجهة مشاكل التعليم والنوعية سعت كل دول العالم إلى النظر في إمكانية إيجاد أساليب وطرق جديدة تمكن من الاستغلال الأمثل للموارد وتحقيق أحسن النتائج في نفس الوقت كماً وكيفاً، ولعل دول العالم وخاصة الدول النامية قد وجدت في التدريب أثناء الخدمة مخرجاً لمشكلة تدريب المعلمين؛ حيث أنه لا يستوجب مغادرة المعلم لمدرسته وبالتالي الاحتياج إلى بديل هو أقل تدريباً من هذا الذي جاء ليحل محله، كما وأن التدريب أثناء الخدمة يستطيع أن يوفر أعداداً كبيرة من المعلمين في وقت وجيز.

وهناك بعض البرامج التي سعت إلى تحقيق أكثر من هدف كما في زمبابوي إذ هدف تدريب المعلمين إلى مواكبة المتغيرات الجديدة في المناهج وإعادة تأهيل معلمي المدارس الابتدائية، ولعل من الأشياء المستخدمة في هذه المجالات تدريب المعلم للقيام بدور جديد بعد إدخال مناهج جديدة أو مواد جديدة، وفي كل هذه الأحوال - نجد أن - التدريب أثناء الخدمة يخدم هذه الأغراض بكفاءة عالية وبالسرعة المطلوبة والتي تحقق الأهداف في الوقت المحدد.

وقد كانت بداية ظهور أشكال التدريب أثناء الخدمة أمراً طوعياً في شكل (كورسات) قصيرة تقدم في أزمان متفرقة ويشترك فيها المعلمون الأكثر التزاماً بمهنة التعليم والأكثر طموحاً.

أسئلة التدريب

السؤال	مضمون السؤال
لماذا؟	الاحتياجات التدريبية والأهداف
لمن؟	الفئة المستهدفة
للحصول على ماذا؟	النتائج
ما هي المحتويات؟	المعارف والمهارات والاتجاهات
كيف؟	الأساليب/الوسائل
متى؟	توقيت/زمان التدريب
أين؟	مكان التدريب
كيف أعرف أنني حصلت على النتائج المطلوبة؟	أساليب التقويم

نظريات التعلم والتدريب

1- النظرية السلوكية:

يفترض السلوكيون أن الأشياء الحقيقية (أو على الأقل الأشياء التي تستحق الدراسة) هي فقط الأشياء التي نراها ونلاحظها (الأشياء المحسوسة).

صحيح أننا لا نرى العقل ولا الضمير، ولكننا نرى أفعال الناس وتصرفاتهم وردود أفعالهم.

من خلال السلوك قد نتمكن من التوصل إلى استنتاجات عن العقل والدماغ، غير أنها ليست محل الاهتمام الأول للدراسة.

ماذا يفعل الناس، وليس ماذا يفكرون أو يشعرون به، هو مجال الدراسة، حسب النظرية السلوكية.

فالنظرية تنظر للتعلم كروابط بين مؤثرات واستجابات، فمثلاً عبر التعزيز الإيجابي يعتقد الفرد أنه أجاد، ومن ثم يتم تحسين أدائه بمكافأته إيجابياً بالثناء مثلاً، ويمكن الاستفادة من هذه النظرية في مجال التدريب، فيجب التعامل الجيد والإيجابي مع استجابات المتدربين، بالإضافة إلى اهتمام المدرب بنوعية المثيرات التي من شأنها تحفيز المتدربين على استجابات إيجابية.

2- النظرية المعرفية:

يقصد بالمعرفة النشاط العقلي، بما في ذلك التفكير، التذكر، التعلم، واستعمال اللغة.

عندما نطبق طريقة معرفية على التعلم والتعليم فإننا نركز على استيعاب المعلومات والمفاهيم.

تهتم النظرية بـ:

● كيف يفهم الناس الأشياء؟

● قياس العمليات العقلية والاختبار.

● القابلية والقدرة على التعلم.

● أنماط التعلم.

فالنظرية المعرفية تنظر للتعلم كعملية يقوم فيها المتعلم بملاحظة ما يدور حوله ويسعى إلى تفسير واستيعاب المعلومات لتعديل سلوكه مستقبلاً. وهذا النظرية مفيدة

جداً في التدريب ونستطيع من خلال ما نقدمه للمتدربين تكوين للمتدرب المعرفة اللازمة لتحقيق أهداف البرنامج التدريبي، فينبغي على كل مدرب عند تصميم محتوى معرفي أخذ هذه النظرية في عين الاعتبار.

3- النظرية البنائية:

البنائية هي فلسفة للتعليم تأسست على فرضية أننا، من واقع تجربتنا الشخصية، نقوم ببناء فهمنا للعالم الذي نعيش فيه.

فيقوم كل منا بإنتاج «القواعد» و «النماذج العقلية» الخاصة به، والتي نقوم باستخدامها لاستيعاب ما نمر به من تجارب.

ومن ثم فالتعلم هو ببساطة عملية ضبط نماذجنا العقلية لتستوعب تجاربنا الجديدة.

تتضمن النظرة البنائية مبدأين:

- المعرفة يتم بناؤها بشكل فعال بواسطة المتعلم، ولا يستقبل بشكل سلبي من البيئة.
- الوصول للمعرفة هي عملية تكيف وتعديل باستمرار بواسطة تجربة المتعلم في الحياة.

فالنظرية تعتمد على ما عند المتدرب من معلومات ومهارات فيقوم المدرب والبرنامج التدريبي ببناء معلومات ومهارات اعتمادا على ما لديه من حصيلة سابقة، وهذه النظرية مهمة جداً في عالم التدريب حيث يغلب على الفئة المستهدفة في التدريب أنهم في مرحلة ما بعد الإعداد أي لديهم حصيلة جيدة يجب على مقدم البرنامج التدريبي أخذها بعين الاعتبار.

الأهداف التدريبية

مفهوم الأهداف التدريبية: هي عبارات أو جمل تحدد سلوكاً مرغوباً تأمل المؤسسة ظهوره لدى المتدرب نتيجة اكتسابه خبرات التعلم وتغيير الظروف الحاضرة للمتدرب.

أقسام الأهداف التدريبية:

1- **أهداف عامة:** أهداف تصف الغايات النهائية للتعليم وهي بعيدة المدى.

2- **أهدف فرعية:** أهداف تصف مخرجات تعليمية محددة وهي قصيرة المدى.

مجالات الأهداف التدريبية:

1- **مجال المعرفة:** هي الأهداف التعليمية التي تتعلق بالتعامل العقلي مع المعارف وتشمل (التذكر، الفهم، التطبيق، التحليل، التركيب، التقويم).

وسوف يتم عرض شفافية بعنوان مدلولات الأفعال التي تعطي مضموناً محدداً في مستوى المعلومات للمشاركين.

2- **المجال الاتجاهي أو الوجداني الانفعالي:** تتضمن الأهداف التعليمية التي ترتبط بالعادات والعقائد والتقاليد والمشاعر والاتجاهات والميول والانفعالات.

3- **مجال المهارات الأدائية (الحركية):** ويتضمن الأهداف التعليمية التي تتعلق بالمهارات الأدائية الحركية والتآزر الحركي (أي التوافق بين الإحساس العصبي والاستجابات الحركية كالقص والتلوين والرسم والأشغال اليدوية).

مصادر الأهداف التدريبية:

1- سياسة المؤسسة التطويرية العملية.

2- الحاجات الشخصية التي تظهر لدى الموظف لتطوير وتسهيل مهمات الوظيفة المتخصصة.

توصيف الأهداف لبرنامج التدريب:

1- تفصيل الأهداف العامة بناء على أسماء المهمات الوظيفية مباشرة.

2- تفصيل أنواع الأهداف التحصيلية النهائية (معرفة تطبيق ميول، حل مشكلات التقييم) بناء على التصرفات الوظيفية.

3- تفصيل الأهداف الإجرائية المدخلة.

توصيف الأهداف العامة لبرنامج التدريب:

1- النظر إلى المهمات الرئيسية ضمن الوظيفة الواحدة.

2- النظر إلى فئات حاجة الموظفين والمؤسسة.

3- حاجات الاتصال والتنظيم ومناخ العمل والإنتاج والعلاقات العامة والتسويق.

أنواع الأهداف التدريبية:

تقسم الأهداف التدريبية إلى عدة أنواع منها:

1- **أهداف تدريبية تلبي حاجة المؤسسة وتتمثل في:**

أ- أهداف يقصد بها تطوير المؤسسة في جميع الجوانب.

ب- أهداف خاصة بالموظف قد تكون شخصية أو إنجازيه أو سلوكية.

ج- أهداف خاصة بتطوير العمل من آلية التنفيذ أو تغير ظروفها.

د- أهداف تلبي حاجة الفئات المستفيدة من المؤسسة.

2- **أهداف تدريبية خاصة بطبيعة فترة التنفيذ:**

أ- أهداف عامة وهي محدودة العدد في البرنامج تهدف إلى تثبيت مهمات التدريب.

ب- أهداف سلوكية نهائية لتثبيت السلوك الوظيفي لمهمة التدريب.

ج- أهداف سلوكية مرحلية لتثبيت السلوك المنبثق من السلوك الهدف العام.

3- **أهداف تدريب حسب دورها في التدريب:**

أ- أهداف تصميم تستخدم في تطوير وتنفيذ برامج التدريب من قبل المصمم ومكوناتها الأهداف العامة والأهداف السلوكية النهائية.

ب- أهداف إجرائية هي ترجمة المدربين للأهداف العامة والسلوكية إلى جزئيات صغيرة تمثل في مجموعها الهدف العام.

4- **أهداف تدريبية تتعلق بالسلوك البشري وتقسم إلى عدة أقسام:**

أ- أهداف إدراكية حسب تصنيف بلوم أهداف (المعرفة مثل التذكر، العد، التسمية، الاستعادة).

ب- أهداف الاستيعاب (الإيجاز، التلخيص، التفصيل، الشرح، التوضيح).

ج - أهداف التطبيق (الاستعمال، التنفيذ، التشغيل، الانجاز المباشر).

د- أهداف التحليل (كإظهار العلاقة بين الأجزاء).

هـ- أهداف التكوين (التطوير كإنتاج شيء جديد من مواد أو معارف).

و - أهداف التقييم كتحديد صلاحية أو فعالية الأشياء المبتكرة الجديدة.

ز- أهداف الحقائق الخاصة (إشارة الموظف لأجزاء السيارة).

ح - أهداف المفاهيم توضيح الموظف لدور الماوس في جهاز الكمبيوتر.

ط - أهداف حل المشكلات: قدرة الموظف على التصرف السليم في الطوارئ.

5- **أهداف عاطفية خاصة (بالقيم والميول والعلاقات الإنسانية مثل القبول والتقدير للمتدربين واحترام خبراتهم).**

6- **أهداف حركية عملية مثل قيام المتدرب بإحضار الوسائل ووضعها أمام زملائه.**

7- **أهداف اجتماعية وتتمثل في المحافظة على العادات والقيم الاجتماعية وتحسينها.**

مفهوم الهدف السلوكي:

عبارة عن مجموعة من الأنشطة أو الخطوات العملية أو السلوكيات المتتابعة التي يقوم بها المدرب في أدائه لتصرف أو مهارة وظيفية محددة أو هدف تحصيلي معين.

توصيف الأهداف السلوكية:

تبني اعتماداً على الأهداف العامة للبرنامج ويتم تجزئتها إلى عناصر دقيقة لتصل في النهاية إلى تحقيق الأهداف العامة.

مصادر اشتقاق الأهداف السلوكية:

1- الأهداف العامة المتوافرة لدى المدرب.

2- السلوكيات العامة وعناصرها الجزئية.

مواصفات الهدف السلوكي الإجرائي:

1- أن يكون قابلاً للملاحظة والقياس.

2- أن يكون محدداً ويقيس ما وضع لقياسه.

3- أن يصاغ بعبارات سلوكية إجرائية صحيحة.

4- أن يصف سلوك المتدرب.

5- سهولة تحقيقه من قبل المتدرب (قابل للتطبيق).

6- أن يصف الهدف نواتج التعلم بدقة.

صياغة الأهداف السلوكية الإجرائية:

أن + فعل سلوكي إجرائي + المتدرب + محتوى الأداء والتعلم + شروط الأداء.

● أن: المصدرية.

● فعل سلوكي إجرائي: هو الفعل الذي يشير إلى سلوك يمكن للمتدرب أداؤه ويشاهده المدرب ويستطيع قياسه.

● محتوى الأداء أو التعلم: هو الفعل السلوكي الذي سيوجه المتدرب لأدائه في مجال المعارف أو الاتجاهات أو المهارات.

● معيار الأداء: الحد الأدنى المقبول لصحة تنفيذ السلوك.

● شروط الأداء أو التعلم: الظروف البيئية والزمنية والمادية التي تستخدم في تنفيذ السلوك.

أفعال عامة صعبة القياس	أفعال محددة قابلة للقياس
يعرف	يعدد
يفهم	يذكر
يقيد	يصنف
يستوعب	يخلط
يعتقد	
يستطيع	

أهداف سلوكية غير قابلة للقياس:

- تعريف الطالب بكيفية الكتابة.
- أن يقدم للطالب معلومات عن المضلع.

الأفعال السلوكية الإجرائية:

أ- أفعال سلوكية إجرائية في المجال المعرفي.

ب- أفعال سلوكية إجرائية في المجال الوجداني.

ج- أفعال سلوكية إجرائية في المجال المهاري.

المستويات الثلاث:

الجدول الأول: المستوى المعرفي:

الفئات	الأفعال الأدائية
المعرفة	يعرف، يسمي، يدرج، يكتب، يذكر، يضع، خطا تحت، يختار من البدائل، يميز.
التلخيص	يحدد، يبرر، يختار، يؤثر، يبين، يوضح، يقرر، يصنف.
التطبيق	يختار، يقيم، يوضح، يعدد، يجد، يشير، يبين، ينشىء، يستعمل، يود.
التحليل	يحلل، يحدد- يلخص، يفرق، يختار، يفصل، يقارن، يعطي الفرق، يعلل، ينقد.
التركيب	يجمع، يلخص، يجادل، يناقش، ينظم، يشتق، يختار، يعيد على.
التقويم	يقرر، يقوم، يعاير، يعتمد، يدافع، يهاجم، ينقد، يحدد، يتجنب، يختار.

الجدول الثاني: المستوى الاتجاهي:

الأفعال الأدائية
يصغ، يفضل، يواظب، يقبل، يستقبل، ينتبه، يختار.
يجيب، يميز، يكمل، يختار، يدرج، يكتب، يسجل، يشتق.
يقبل، يميز، يشارك، يزيد، يتم، يصل إلى، يشير على، يقرر، يؤثر في.
ينظم، يعطي قيمة، يقرن، يجد، يقرر، يصل بـ يجمع، يشكل، يختار.
يراجع، يغير، يواجه، يقبل، يعطي قيمة، ينمي، يوضح، يعدد، يقرر.

الجدول الثالث: المستوى المهاري:

أفعال سلوكية في المجال المهاري
يربط، يصنع، يقطع، يصمم، يخلط، يضبط

1) الأهداف السلوكية في المجال المعرفي:

م	المستوى	الهدف السلوكي
1	التذكر	أن يعد الطالب كواكب المجموعة الشمسية حسب بعدها عن الشمس
2	الفهم	أن يفسر الطالب سبب اختلاف درجة الحرارة بين الأرض وعطارد.
3	التطبيق	أن يحدد الطالب اقرب الكواكب إلى الشمس.
4	التحليل	أن يعلل الطالب سبب استحالة الحياة على كوكب الزهرة.
5	التركيب	أن يناقش أهمية مكونات الغلاف الهوائي الأرضي.
6	التقويم	أن يحدد أكثر الكواكب ملاءمة للحياة.

2) الأهداف السلوكية في المجال الوجداني العاطفي (الانفعالي).

أن يبين الطالب قدرة اللـه في تنظيم المجموعة الشمسية بفقرة واحدة.

3) الأهداف السلوكية في المجال المهاري الحركي.

● أن يرسم الطالب المجموعة الشمسية رسماً دقيقاً.

● أن يصنع الطالب نموذجاً للكرة الأرضية مبنياً تعاقب الليل والنهار.

نشاط:

قم بكتابة ثلاث أهداف لبرنامج قوة الثقة بالنفس هدف (معرفي - مهاري - وجداني)؟

(معرفي): ....

(مهاري): ....

(وجداني): ....

الفصل الثاني
الاحتياجات التدريبية

اشتمل هذا الفصل على:

📖 مفهوم الاحتياجات التدريبية.

📖 مقدمة عن الاحتياجات التدريبية.

📖 أهمية تحديد الاحتياجات التدريبية.

📖 مصادر تحديد الاحتياجات التدريبية.

📖 أدوات تحديد الاحتياجات التدريبية.

📖 تصنيف الاحتياجات التدريبية.

📖 مجالات تحديد الاحتياجات التدريبية.

📖 خطوات تحديد الاحتياجات التدريبية.

📖 نماذج لتحديد الاحتياجات التدريبية.

الفصل الثاني

الاحتياجات التدريبية

مفهوم الاحتياجات التدريبية:

تعرض العديد من المهتمين والباحثين لتعريف الاحتياجات التدريبية، فقد عرفها "فليه والزكي" بأنها « معلومات أو اتجاهات أو مهارات أو قدرات معينة فنية أو سلوكية يراد تنميتها أو تغييرها أو تعديلها إما بسبب تغيرات تنظيمية أو تكنولوجية أو إنسانية بسبب ترقيات أو تنقلات أو لمواجهة التوسعات ونواحي تطوير معينة، أو حل مشكلات متوقعة وغيرها من الظروف التي تقتضي إعداد ملائم لمواجهتها، وهي تشير أيضاً إلى نواحي ضعف أو نقص فنية أو إنسانية واقعية أو محتملة في قدرات العاملين أو معلوماتهم أو اتجاهاتهم أو مشكلات محددة يراد حلها».

وهي مجموعة من المهارات والمعارف والاتجاهات المحددة التي يحتاجها فرد في مؤسسة أو وظيفة معينة من أجل القيام بأداء مهام معينة بشكل أكثر كفاءة وفاعلية. يحدث الاحتياج التدريبي عندما تكون هناك فجوة بين الأداء الفعلي للفرد أو المؤسسة، والاتجاهات المحددة التي يحتاجها فرد في مؤسسة أو وظيفية معينة من أجل القيام بأداء مهام معينة بشكل أكثر كفاءة وفاعلية.

وهي العملية التي يتم بها تحديد وترتيب الاحتياجات التدريبية واتخاذ القرارات ووضع الخطط بشأن تلبية هذه الاحتياجات.

● تحديد الفئة المستهدفة بالتدريب.

● تعريف وتحديد الاحتياجات.

● قياس مستوى القصور ومعوقات الأداء.

● ترتيب الاحتياجات حسب الأولوية.

● تحديد أهداف التدريب بناء على نتائج تقدير الاحتياجات.

وعن طريق عملية تحديد الاحتياجات التدريبية يمكن التوصل إلى الآتي:

● نوع ومستوى التدريب المطلوب.

● الأفراد الذين يحتاجون إلى تدريب.

المعلومات الهامة التي يوفرها تحديد الاحتياجات التدريبية:

● تحديد نوع التدريب المطلوب ومكان إجراء التدريب.

● الجدول الزمني للأنشطة التدريبية.

● الموارد المطلوبة للتدريب (مواد بشرية، مالية،... الخ).

● اختيار وتصميم مواد وأساليب التدريب المناسبة.

● تيسر الاتصال بين المؤسسة والجهات التدريبية.

● الترويج للمجالات الجديدة في التدريب.

التقدير الفعال للاحتياجات التدريبية:

هناك الكثير من الصعوبات التي قد تحول دون التنفيذ الفعال لتقدير الاحتياجات التدريبية على أرض الواقع، فهناك مشاكل متعلقة بالموارد من حيث الوقت والتكاليف إضافة إلى العديد من الصعوبات المختلفة والمتعلقة بالمفاهيم والسمات المؤسسية. وإدراك هذه الأمور في المراحل الأولى يساعد بشكل عام في تصميم إجراءات عملية لتقدير الاحتياجات التدريبية بشكل ملائم. فالاحتياج يعبر عن الفجوة بين الوضع الراهن (ما هو كائن) والوضع المأمول أو المثالي (ما يجب أن يكون).

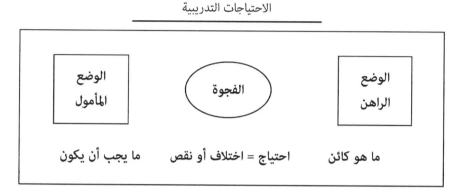

إذا طبقنا هذا المفهوم على متدرب ما فإن ذلك يحدد (الفجوة في القدرات)، وهي النقص في المعارف والخبرات والسلوك والاتجاهات التي تحول دون القيام بأداء المهام الوظيفية بالمستوى المطلوب.

ميزة هذا النموذج أنه يفرّق بين نوعين من الإجراءات المحتملة عند اكتمال عملية تقدير الاحتياجات على النحو التالي:

تأهيل الموظف للوظيفة: وذلك باختيار وتوفير التدريب المناسب.

تفصيل الوظيفة على الموظف: وذلك بأن يعاد تحديد الوصف الوظيفي (مهام ومسئوليات شاغل الوظيفة) لتناسب معارف، مهارات واتجاهات الموظف.

معرفة مستوى الاحتياج: هناك مشكلة حقيقة تظهر عند قياس فجوة القدرات وذلك بسبب صعوبة تحديد المستوى الحالي للمعارف، المهارات والاتجاهات لشخص ما كلياً أو جزئياً، لتسهيل هذا الأمر فإن هناك (5) مستويات يمكن استخدامها لوصف مستوى شخص ما.

43

الانعدام	معرفة الشخص بهذا الموضوع معدومة تماماً.
النقص	بعض المعرفة العامة لكنها غير كافية.
الكفاية	قدر مناسب من المعارف والمهارات للقيام بالمهام لكن الأداء غير فعال.
الدقة	المستوى المطلوب لتحقيق دقة وانتظام الأداء.
الإتقان	الجمع بين الدقة والسرعة في الأداء.

ويمكن تحديد نوع التدريب بناءً على مستوى الأداء المطلوب على مستويات الأداء على النحو التالي:

(5) الإتقان	القدر المثالي من المعارف، المهارات والاتجاهات.
(4) الدقة	معارف، مهارات واتجاهات للأداء الدقيق.
(3) الكفاية	قدر مناسيب من المعارف، المهارات والاتجاهات للقيام بمهام وظيفية محددة.
(2) النقص	قدر غير كافٍ من المعارف، المهارات والاتجاهات عن الموضوع.
(1) الانعدام	لا يملك أي معلومات عن الموضوع

مفاهيم الإدراك المحتملة للاحتياجات التدريبية:

أ) الاحتياجات غير المُدْرَكَة:

- مشكلة أداء غير مُدْرَكَة (الشخص يفتقر إلى كل المعارف الخاصة بفجوة الأداء).
- مشكلة أداء مُدْرَكَة ولكن ليس هناك وعي بأن هذه المشكلة بسبب نقص التدريب. (الشخص بحاجة إلى توعيته بدور التدريب في معالجة مشكلات الأداء).

ب) الاحتياجات المُدْرَكَة:

● مشكلة أداء مُدْرَكَة حيث أن هناك وعي بنوع التدريب المطلوب لكن ليس هناك قدرة على تحديد كمية التدريب المطلوبة (الشخص يعي بالمجال الذي يحتاج فيه إلى تدريب لكن لا يمكن الاعتماد عليه في تحديد كمية ومستوى التدريب المطلوب).

● مشكلة أداء مُدْرَكَة معه امتلاك المقدرة على تحديد نوع وكمية التدريب المطلوب (الشخص الذي يعي تماماً احتياجاته التدريبية) وهي الأندر في كل الأحوال.

أهمية الاحتياجات التدريبية:

● يوفر معلومات أساسية يتم بناءً عليها وضع المخطط.

● يقود إلى التحديد الدقيق لأهداف التدريب.

● يساعد على تصميم برامج تدريب موجهة للنتائج.

● يؤدي إلى تحسين فعالية وكفاءة التدريب من خلال الاستهداف الأفضل.

● يحدد المستهدفين من التدريب.

● يحدد نوعية التدريب.

● يوفر المعلومات عن العاملين من حيث العدد، العمر، الاهتمامات، الخلفيات الأكاديمية والعملية، الوظائف، المسئوليات والاتجاهات فيما يتعلق بالتدريب.

● يحدد الصعوبات ومشاكل الأداء التي يعانيها العاملون بالمؤسسة.

● يوفر وثائق ومواد للتدريب.

● يزيد من مشاركة العاملين في مناقشة الأمور المتعلقة بالعمل.

● يساعد المدربين على تصميم برامج تلبي احتياجات المتدرب.

● يساعد على تجنب الأخطاء الشائعة في التدريب وهي إضاعة الكثير من الوقت في تناول بعض الموضوعات المعقدة غير الهامة نسبياً بدلاً عن الموضوعات كبيرة الأهمية والغير معقدة.

45

مصادر تحديد الاحتياجات التدريبية:

هناك عدد من وسائل وأساليب جمع المعلومات اللازمة لتحديد الاحتياجات التدريبية ومنها:

● الموظف نفسه.

● المدير أو الرئيس المباشر.

● اختصاصي التدريب.

● مستشار خارجي.

● تفاعل الإدارة العليا.

ما هي الظروف التي تسبب ولادة الحاجة لتحديد الاحتياجات التدريبية ؟

....

....

....

....

....

....

....

....

....

....

وسائل وأدوات تقييم الاحتياجات التدريبية:

الوسيلة	المزايا	العيوب
الملاحظة المباشرة	● تعطي بيانات واقعية عن الأداء الحالي. ● اختيار غير مكلف. ● تلقي الضوء على المتغيرات الخارجية والتي تؤثر على الأداء. ● يمكن استخدام قوائم مرجعية للملاحظة الموجهة	● تستهلك وقتاً كبيراً. ● تشعر الذين تحت الملاحظة بعدم الارتياح. ● تؤدي بأولئك الذين تحت الملاحظة بالقيام بأداء معين لمعرفتهم بأنهم تحت الملاحظة. ● يمكن أن تكون هذه الوسيلة غير محايدة.
عقد لقاءات فردية مع الأفراد المعنيين أو مع بعض أعضاء الجمهور المستهدف	● تعطي الفرصة للاستكشاف وطرح أسئلة. ● غير مخطط لها للوصول لبيانات أو أفكار معينة. ● يمكن أن تؤدي للحصول على معلومات لم تتوقع.	● تستهلك وقتاً كبيراً. ● تعتمد على توفر الوقت لدى من يجري معهم المقابلات واستعدادهم لإعطاء المعلومات. ● يمكن أن تؤدي إلى معلومات غير دقيقة.
بحوث ميدانية يستخدم فيها نماذج الاستبيان واستفتاء الرأي	● محددة الهيكل وبالتالي تعطي بيانات مماثلة للتحليل. ● تعطي إجابات يسهل وضعها في صورة جداول وتحليلها. ● يمكن أن تضم عدد كبير من المشاركين قد لا يمكن عقد مقابلات معهم أو ملاحظتهم جميعاً.	● في بعض الأحيان تكون الاستبيانات صعبة الفهم. ● قد تحتوي على بنود غير واضحة تؤدي إلى سوء فهم المشارك. ● أحياناً تكون صعبة التجميع من المشاركين.

العيوب	المزايا	الوسيلة
● يكون من الصعب في بعض الأحيان إيجاد الوقت الملائم لاجتماع جميع أفراد المجموعة إذا لم يكن اللقاء منظماً تنظيماً جيداً قد يؤدي ذلك إلى خروج المناقشة عن موضوعها الرئيسي	● تعطي الفرصة لمقابلة عينة تمثل الفئة المستهدفة والجهات المعنية بتحسين أدائها والتي تطرح أفكارها الخاصة بالاحتياجات. ● تعطي المشاركين الشعور بأنهم جزء من عملية تخطيط وتصميم التدريب.	عقد لقاءات مع المجموعات المركزة أو البؤرية لتحديد وتنقيح الاحتياجات
● قد يؤدي إلى شعور المجيبين على الاختبار بعدم الارتياح ويحولهم ضد التدريب.	● تعطي معلومات دقيقة خاصة بمستوى محدد من المعرفة أو المهارات أو الاتجاهات لدى المشاركين المستهدفين.	الاختبارات
● قد لا تتوافر الوثائق أو يكون من الصعب الوصول إليها. ● قد تكون الوثائق غير حديثة وبالتالي لا تعبر عن الوقت الحاضر. ● قد لا يتم اختيارها بطريقة سليمة وبالتالي تعطي صورة محدودة وغير سليمة للأداء الحالي.	● تعطي صورة للأداء الحالي من خلال وثائق ومصادر مختلفة. ● ذات أهمية كبيرة للقائم بالتقييم والتحليل إذا ما كان غير متواجد في نفس المكان المراد عمل تقييم له أو لتحسين الأداء فيه.	مراجعة الوثائق
● قد يتم إعطاء نماذج نمطية تعطي صورة أعلى للأداء عن الأداء الحقيقي.	● تعطي بيانات عملية خاصة بالمخرجات والأداء.	تحليل عمل وإنتاج الفئات المستهدفة

معايير وعوامل تؤخذ في الاعتبار عند اختيار وسائل تقييم الاحتياجات:

● الوقت.

● التكلفة.

● عدد الأشخاص.

● درجة الصعوبة للوسائل المختلفة.

● مدى سرية وحساسية البيانات وكذلك مدى سهولة الوصول إليها وتوافرها.

● مستوى الراحة.

● خبرة المقيم مقابل الأساليب المختلفة.

تصنيف الاحتياجات التدريبية:

1- حسب المستوى:

● احتياجات فرد.

● احتياجات منظمة.

● احتياجات شعبة.

● احتياجات قسم.

● احتياجات وحدة.

● احتياجات مجتمع محلي صغير.

● احتياجات دائرة.

● احتياجات قرية.

● احتياجات مديرية.

● احتياجات دولة.

2- حسب الجهة:

● احتياجات تدريبية حددتها منظمة لمنظمة.

● احتياجات تدريبية حددتها منظمة لنفسها.

● احتياجات تدريبية محددة بالتشارك.

3- حسب الفئة:

● احتياجات تدريبية لفئة متجانسة.

● احتياجات تدريبية لفئة غير متجانسة.

4- حسب القطاع:

● احتياجات تدريبية إدارية.

● احتياجات تدريبية صحية.

● احتياجات تدريبية تربوية.

● احتياجات تدريبية نفسية.

● احتياجات تدريبية اجتماعية.

● احتياجات تدريبية عسكرية.

● احتياجات تدريبية مهنية.

● احتياجات تدريبية فكرية.

● احتياجات تدريبية ترويحية.

5- حسب طبيعة الوظيفة:

● احتياجات لمجموعة أفراد يعملون في وظيفة متشابه.

● احتياجات لمجموعة أفراد يعملون في وظائف مختلفة.

● تحديد احتياجات تدريب لموظف بشكل فردي.

● احتياجات لموظفين في نفس الوظيفة ولوظيفة مختلفة وبشكل فردي - وبشكل جماعي.

نشاط :

وزع القائمة التالية إلى حاجات تدريبية وأخرى غير تدريبية :

استخدام الحاسب - تصميم البرامج - العدالة - مهارات الاتصال - اللامركزية - تدريب المدربين - تقليص الأعمال الورقية - الاستقرار الوظيفي - بيئة العمل - إدارة الوقت - كتابة التقارير - الارتجالية والمزاجية - إدارة الاجتماعات بشكل أفضل - قلة الحوافز التشجيعية - أسلوب تعامل الإدارة العليا - النظافة اليومية للمكاتب - تيسير القروض للموظفين من المنظمة - مواقف سيارات للموظفين - الاستفادة من أجهزة الحاسب الآلي - تكوين فرق عمل .

حاجات غير تدريبية (NTN)	حاجات تدريبية (TN)

مجالات تحديد وتحليل الاحتياجات التدريبية:

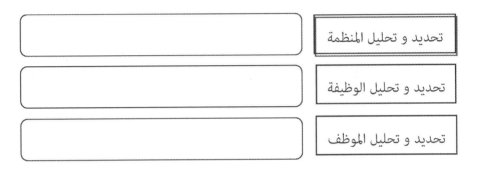

	تحديد و تحليل المنظمة
	تحديد و تحليل الوظيفة
	تحديد و تحليل الموظف

أولاً: تحليل التنظيم:

وهنا يقوم مسئول التدريب في الجهات العليا المسئولة عن المؤسسة التعليمية بعملية تشخيص للوضع التنظيمي الفعلي وذلك بدراسة العناصر الآتية: أهداف المؤسسة التعليمية، وبنائها التنظيمي، سياساتها ولوائحها، هيكلها التنظيمي، خصائص القوى العاملة بها، درجة الكفاءة (استغلال الموارد المتاحة)، والفاعلية (تحقيق النتائج المطلوبة)، والمناخ التنظيمي الذي يتضمن بدوره عوامل كثيرة أخرى: كالحوافز والأجور والاتصالات وعلاقات الرؤساء والزملاء والتنافس والثقة والمسئولية... وأخيراً نوع التغييرات التي حدثت على كل من العناصر السابقة.

ثانياً: تحليل العمل:

وذلك يكون بغرض تحقيق هدفين رئيسين وهما: تحديد الواجبات والمسئوليات وظروف العمل والمؤهلات التي يجب أن تتوفر في الفرد الشاغل للوظيفة، وتحديد وتطوير المعارف المتخصصة والمهارات والاتجاهات اللازمة للأداء الناجح في كل وظيفة من الوظائف. وهنا يتم دراسة وتحليل مجموعة من العناصر هي:التوصيف الوظيفي المعمول به، ومواصفات شاغل الوظيفة، وأهداف الوظيفة، مجالات النتائج، معدلات الأداء، والتغيرات أو التعديلات التي تطرأ على هذه العناصر.

52

ثالثاً: تحليل الفرد:

وهنا يقوم مسئول التدريب بدراسة المواصفات الوظيفية للفرد (مؤهله وخبراته ومهاراته......) والخصائص الشخصية التي يتمتع بها مثل: (اتجاهاته ودوامه واستعداده للتعليم وحاجاته التي يطمع في إشباعها، ذكاءه، بالإضافة إلى العمر والجنس والصحة العامة). وكذلك الجانب السلوكي للموظف باعتباره عضو في جماعه عمل أي علاقاته مع الآخرين ودرجة انسجامه وتفاعله واستعداده للتعاون.

خطوات تحديد الاحتياجات التدريبية:

1- جمع البيانات:

- تحديد المشاركين في تحديد الاحتياجات التدريبية.
- تحديد الفئة المستهدفة وحجمها.
- جمع معلومات عن الوظائف.

2- تبويب وتنظيم البيانات:

- تحديد فئات للبيانات.
- مراجعة إجابات المستجيبين للأسئلة التي طرحت.
- تبويب نماذج الحصر.

3- تحليل البيانات:

- هل هناك تباين بين ما يقوم به الموظف وما يفترض أن يقوم به؟
- ما مدى خطورة تجاهله؟
- ما مدى إمكانية انتشار المشكلة في أجزاء أخرى من المنظمة؟

4- إعداد التقارير:

- تحديد البيانات التي ستضمنها التقرير.
- كيفية عرض البيانات.
- الشخص أو الجهة التي سوف تتسلم التقرير.

(نماذج عامة لتحديد الاحتياجات التدريبية)

استمارة إجراءات تحليل الفجوة للفرد

الخطـــوات	الملاحظـــــات
ضع قائمة بالمهام أو المحتويات التي تود تضمينها في النشاط التدريبي.	يتم أخذ هذه المهام من استمارة إجراءات تحليل الوظيفة وهي تشمل فقط المهام التي تم تحديدها كمجالات للتدريب
تحديد المستويات المطلوبة للأداء لكل مهمة.	تحديد الأجهزة، المعدات والمعوقات والظروف التي سيقوم فيها الموظف بأداء عمله فيها.
تحديد المستوى الحالي لقدرات وخبرة الموظف.	ما هو المستوى الحالي الذي يؤدي به الموظف كل واحدة من المهام المحددة.
حدد ما إذا كانت هناك فجوة.	إذا كان هناك اختلافاً بين ما يقوم به الموظف حالياً وما يجب عليه القيام به فهذا يعد دليلاً على وجود فجوة.
حدد ما إذا كانت هذه الفجوة فجوة تدريبية.	ليست كل الفجوات التي يتم تحديدها تتطلب تدريباً لحلها.

استمارة تحليل الفجوة للفرد

الوظيفة: ....

تحديد المهام بالتفصيل	المستوى المطلوب	المستوى الحالي	الفجوات	الفجوات التدريبية

استبانة تحديد احتياج ذاتي

اسم المرشح: ....

الخبرة العملية: ....

مستوى التعليم: ....

ما هي الدورات التدريبية التي شاركت فيها؟

عنوان الدورة	التاريخ وفترة الدورة	الجهة المنظمة للدورة

ما هو مستوى مهاراتك في التعامل مع الحاسب الآلي؟ ....

ما هو مستواك في اللغة الانجليزية؟ ....

ما هي المجالات التي تحتاج فيها إلى تدريب؟

....

....

....

....

....

....

كيف يمكن الاتصال بك؟

....

....

....

....

....

....

التوقيع: ....

التاريخ: ....

استبانة تحديد احتياج من وجهة نظر المسؤول

اسم المرشح: ....

مسمى الوظيفة: ....

الإدارة: ....

ما المدة التي قضيتها رئيساً لهذه الإدارة؟ ....

ما المدة التي قضيتها رئيس لهذا المرشح؟ ....

ما مواطن الضعف التي لاحظتها على المرشح؟

....

....

هل تم علاج مواطن الضعف هذه عن طريق التدريب؟ ....

ما مواطن القوة التي لاحظتها على المرشح؟

....

....

ما المجالات التي يحتاج المرشح إلى تحسين الأداء فيها؟

....

....

ماذا ينبغي أن يحويه الاحتياج؟

....

....

ما هي المهارات المطلوبة من المرشح لأداء مهام وظيفته وتحديد درجة قدرته وحاجته للتدريب عليها؟

المهارات المطلوبة لأداء الوظيفة	قدرة المرشح على أداء المهارة					حاجة المرشح إلى التدريب عليها					المجموع
	1	2	3	4	5	1	2	3	4	5	

تقييم كل جانب من هذه الجوانب من 25، وبالتالي تضرب في 4 حيث يكون تقويم الرئيس للمرشح من 50 درجة ثم تطرح 25 درجة.

- 1 قادراً تماماً، 5 غير قادر إطلاقاً (القدرة)
- 1 في غير حاجة على الإطلاق، 5 في حاجة ماسة جداً (الاحتياج)

نماذج منوعة قام بها مجموعة من المتدربين (1)

1- معلومات شخصية:

اسم الموظف		السجل المدني	
مقر العمل		طبيعة العمل	
سنوات الخدمة		المؤهــل	
السكن		الاتصـال	

2- أبرز المشكلات التي تواجهها في العمل:

م	المشكلة	ما قمت به لحلها
1		
2		
3		

3- هل حصلت على دورات تدريبية للتخلص من هذه المشكلات؟

لا ☐ نعم ☐ وهي ....

4- الدورات المقترحة التي ترغب الحصول عليها:

م	اسم الدورة	استفادتك منها
1		
2		
3		

5- رأي الرئيس المباشر:

هل يحتاج الموظف مثل هذه الدورات؟

نعم ☐ لا ☐

إذا كانت الإجابة ((لا)) فما هو السبب؟ ....

6- اقتراح الرئيس المباشر للدورات المطلوبة لموظفيه:

م	اسم الدورة	وقت انعقادها	مدتها
1			
2			
3			

الموظف | الرئيس المباشر

الاسم: .... الاسم: ....

التوقيع: .... التوقيع: ....

نماذج منوعة قام بها مجموعة من المتدربين (2)

أخي الموظف / أختي الموظفة:

تهدف هذه الاستمارة إلى مساعدتكم على تطوير أدائكم وتلبية حاجاتكم لذا نرجو منكم تحري الدقة والمصداقية. ونشكر لكم تعاونكم،،،

اسم الموظف ....

الوظيفة .... العمل الحالي ....

المؤهل .... سنوات الخبرة ....

الجوال .... الإيميل ....

- (من وجهة نظرك) ما هي أهم المشكلات التي تواجهك، أو تؤثر سلبا على عملك:

1- ....

2- ....

3- ....

الدورات التدريبية التي حصلت عليها:

1- .... 2- ....

3- .... 4- ....

الدورات التي ترغب الالتحاق بها:

	الدورة	الرسوم	أثناء الدوام	خارج الدوام	سبب اختيار الدورة
1			☐	☐	
2			☐	☐	
3			☐	☐	
4			☐	☐	
5			☐	☐	

ملاحظات:

....

....

....

اسـم الموظف: .... التوقيع: ....

تعبأ من قبل الرئيس المباشر:

☐ أوافق   ☐ لا أوافق

الاسم ....   التوقيع ....

الفصل الثالث
تصميم البرامج التدريبية

اشتمل هذا الفصل على:

📖 مفهوم تصميم البرامج التدريبية .

📖 معايير تصميم البرامج التدريبية .

📖 خطوات تصميم البرامج التدريبية .

📖 نموذج تصميم البرامج التدريبية .

📖 نموذج تطبيقي لتصميم برنامج تدريبي .

الفصل الثالث

تصميم البرامج التدريبية

المحتوى التدريبي:

عبارة عن النظريات والمبادئ والحقائق، والمفاهيم والمصطلحات التي نريد إكسابها للمتدرب حتى يتسنى له تطبيق الأنشطة التعليمية ذات العلاقة بمهارته الوظيفية العملية.

ومن هنا نقول أن تصميم البرامج التدريبية هي تلك العملية التي من شأنها إخراج برنامج ومنهج يحتوي على عدد من المعارف والمهارات والاتجاهات لموضوع معين.

مجالات المحتوى التدريبي:

أ- **المجال النظري:** هي المعارف المكتوبة أو المنقولة شفوياً للمتدربين مثل المصطلحات العلمية والمفاهيم وأجزاء الأدوات والمبادئ والنظريات.

ب- **المجال الإجرائي:** يتمثل بتطبيق المهارات من قبل المتدربين أو السلوكيات الحركية لهم مثل خطوات تنفيذ مهمة ما أو استخدام الآلات والمعدات.

معايير تصميم البرامج التدريبية:

1- أهمية المحتوى لتحقيق الأهداف وتقسم المعارف التي يتضمنها المحتوى إلى أكثر من فئة.

أ- المعارف الأساسية والمهمة: وهي التي يجب على جميع المتدربين معرفتها لارتباطها المباشر بتحقيق الأهداف وترجمتها سلوكياً.

ب- المعارف الثانوية وهي التي يفضل معرفتها لكونها تعمل على تركيز وإدراك المعارف الأساسية والمهمة.

2- اختيار المحتوى التدريبي وتطويره بناءً على مضمون الأهداف الإجرائية.

3- تفصيل وحدات المحتوى التدريبي نوعاً وكما حسب ما هو مطلوب.

4- قابلية المحتوى التدريبي للتعلم من حيث السهولة وترابط الأفكار.

5- مواءمة المحتوى للحاجات المستقبلية للفرد والمجتمع.

6- اتساق المحتوى التدريب مع الواقع التربوي والاجتماعي والثقافي.

خطوات تصميم البرامج التدريبية:

1- وضع الخطوط العريضة للمحتوى التدريبي.

2- تفصيل الخطوط العريضة للمحتوى التدريبي إلى جزئيات معرفية دقيقة.

3- ارتباط المحتوى وما يشتمل عليه من مبادئ ومفاهيم ومهارات بمتطلبات الأداء الوظيفي وتحقيق الأهداف السلوكية.

4- حذف المادة التي لا ترتبط مباشرة بمحتوى التدريب المطلوب.

5- صياغة المحتوى التدريبي بأسلوب يساعد على التعلم والتحصيل.

مقومات المحتوى التدريبي الجيد:

1- **تحديد الأهداف التدريبية بصورة واضحة** يعمل على:

أ- تحديد ما هو مهم وما هو أهم.

ب- تحديد حجم المادة والمراد إيصالها للمتدرب في وقت محدد.

ج- تحديد حجم المادة المكتوبة وطريقة صياغتها.

د- توزيع المادة بشكل منهجي بحيث يسهم في إيصال المعلومة بشكل جيد وبوقت أقصر.

هـ- التسلسل المنهجي للمادة وفق الأهداف التدريبية المرسومة ليساعد على فحص وتحليل المواقف وإدراك العلاقات بين الخبرات المتصلة بالمواقف التدريبية.

2- **وضوح الفكرة:** يعتمد نجاح العملية التدريبية وحجم اكتساب المتدرب للخبرات والمهارات على قدرة مصمم المحتوى في تنسيق وتنظيم المنهج وتوظيف الأفكار التربوية والتعليمية والنفسية في السرد الموضوعي بمحتوى المقرر فيهم وذلك في تفسير المفاهيم وفتح قنوات الإدراك لدى المتدرب بحيث يصبح قادراً على تصميم المفاهيم والمهارات وتطبيقها في الحياة العملية.

3- **توظيف الوسائل التعليمية والأدوات اللازمة:** من الضروري أن يعتمد كاتب المحتوى التدريبي على الأدوات التعليمية المتمثلة في الجداول والمصورات والرسوم البيانية والتوضيحية والشفافيات والتركيز على الأمثلة التي تعمل على ربط الحقائق العلمية بالواقع، وفي الحياة الاجتماعية، والعمل قدر الإمكان على عدم الاعتماد على السرد للأفكار في عرض أي موضوع تدريبي، لأن ذلك لا يساعد المتدرب على استيعاب الشرح اللفظي للمعلومة وبالتالي لا تثبت المعلومة طويلاً في ذاكرة المتدرب.

لذا فاستخدام الوسائل التعليمية والأدوات يساعد المتدرب على ما يلي:

1- اكتساب القدرة على تفسير الحقائق والقيام بالتطبيقات والاحتفاظ بقدر جيد من المعلومات.

2- تعمل الجوانب العملية في الخطة التدريبية على تنمية القدرة على استرجاع المعلومات والحقائق بالسرعة الملائمة.

تساعد صياغة الأهداف بأسلوب جيد على اختيار المحتوى التدريبي، وبالتالي يجب العمل على ما يلي:

● تفحص الأهداف.

● تحديد المناطق المهمة التي تحدد موضوع المقرر وطريقة عرضه على المتدربين.

● الأهداف هي خطة لتحصيل واكتساب الخبرات العلمية والتعليمية والتطبيقية.

● الانتقاء لبعض المعارف دون أخرى للتركيز على النسق الفكري للمحتوى التدريبي المتمثل في قدرة المواد الدراسية على تدريب العقل بحيث تدرب كل مادة ملكة عقلية معينة مثل ملكة الحفظ أو التذكر أو الفهم (القدرات) يمكن بعدها انتقال الأثر التدريبي أو التعليمي، فكلما زادت صعوبة المادة كان أثرها في تدريب العقل كبيراً.

فالتدريب العقلي: هو تدريب تحليلي ينبغي أن يركز على التفكير العملي والقدرة على حل المشكلات والقدرة على الفهم والعبرة هنا ليست بالمحتوى ذاته وإنما بالنشاط العقلي الذي يقوم به المتدرب أو يحاول المدرب إثارته.

الأمور الواجب مراعاتها عند تصميم المحتوى:

1- **تحديد طبيعة وثقافة المتدربين:** من حيث الثقافة العامة واللغة والعقيدة والقيم والأعراف الاجتماعية وخصوصاً روابط المعرفة التي يتصف بها مجموعة من الناس مثل مجتمع التربويين.

2- **تحديد مدى أهمية المحتوى:** إن تحديد المحتوى العلمي للدورة التدريبية ذو أهمية للمتدرب لمعرفة مردود هذا المحتوى على الفرد عند ممارسته العمل وهذا يسهم في تحديد حجم المادة والكم من المعلومات التي يجب أن يتلقاها المتدرب.

3- **الدقة والحداثة:** أما حداثة المفاهيم العلمية التي تعرض في المادة التدريبية تسهم في رفع كفاءة المتدرب وفق المعطيات التقنية الحديثة ون تكون هذه المفاهيم وضعت بدقة لا لبس فيها.

4- **الإطار العام للمحتوى:** الالتزام بالإطار الإسلامي والقيم والأخلاق ومراعاة ذلك عند إعطاء الأمثلة وعرض الجوانب الفلسفية أو توضيح المفاهيم التي تعتمد على الجدل والمنطق بحيث يكون المحتوى في إطاره العام إسلامي ليحظى بدرجة من القبول.

5- **التنظيم الداخلي للمعلومات:** إن ترابط المعلومات وتنظيمها داخل المحتوى يساعد على تسلسل الأفكار وتبسيط كل معلومة، ويتضح هذا في تسلسل مستويات المعرفة، كما يساعد على اختيار أساليب التدريب وأدواته المناسبة.

6- **مدى الدقة في عرض الأفكار:** الدقة في عرض الأفكار وربطها لمستوى المتدرب وأهمية البرنامج التدريب واهتمامات الجهة المستفيدة من هذا البرنامج والتركيز على الأوليات في عرض الأفكار.

7- **اللغة وسلامتها:** تتطلب كتابة المادة التدريبية توخي الدقة في اللغة التي كتبت بها هذه المادة، لذا يفضل عرض المادة على مختصين في اللغة لاختيار العبارات وربط الأفكار.

8- **الإبداع والابتكار:** يتطلب إعداد المادة العلمية مهارة في ربط المبادئ العلمية والتطبيقات المعملية مع واقع البيئة المحلية وعدم عرض أفكار مستعارة من الغير، مما يتيح للمتدرب توظيف المعلومات الواردة في المحتوى التدريبي لتنمية قدراته الابتكارية.

9- **الجوانب المعرفية والوجدانية:** إن التركيز على الجوانب المعرفية لوحدها يفقد المادة العلمية المرونة والتجاوب من قبل المتدرب ولذلك من الضروري إبراز الجوانب الوجدانية مثل إثارة الشعور والأحاسيس والانطباعات حول مقررات الدورة عن طريق التركيز على القيم المثلى في حب العمل وفضله ووجوب إتقانه عند التطبيق العملي قدر الإمكان.

10- **وضوح المحتوى:** سهولة وضوح المحتوى تساعد المتدرب على الاكتشاف وحل المشكلات والوصول للمعلومة بطريقة أيسر حيث تساعد في ذلك أدوات التعليم والنشاطات والمشاريع والتمارين التي تساعد على عملية الإدراك والإتقان وتزويد المحتوى بالمراجع لتمكين المتدرب من الرجوع إليها والحصول على معلومات إضافية.

نموذج تصميم البرامج التدريبية:

مفاهيم:

القدرة: هي مجموعة المعارف والمهارات والاتجاهات التي يمتلكها الفرد.

السلوك: ما يقوم به أو ما يجب أن يقوم به شاغل الوظيفة من أداء.

الظروف: العوامل المباشرة التي تؤثر على الأداء «الأدوات والأجهزة وحجم العمل... ».

المعيار: الوسيلة المستخدمة في الحكم على أداء الموظف للمهمة

معيار نوعي: الدقة (الشكل - الترتيب - الوضوح).

معيار كمي: عدد الوحدات - السرعة - عدد الأخطاء.

آلية التصميم:

● تحديد الوظائف أو الوظيفة المستهدفة للتدريب.

● تحديد المهام التي سيتم التدريب عليها.

● تحديد القدرات التدريبية لكل مهمة.

● تحليل كل قدرة للمعارف والمهارات الأساسية والمباشرة.

● تكوين وتنسيق الموضوعات التدريبية للبرنامج.

● تنسيق الموضوعات التدريبية على شكل مواد أساسية.

● إعداد الجدول التنفيذي لتقديم كل مادة في البرنامج.

● إعداد دليل البرنامج.

هرم تصميم البرنامج التدريبي

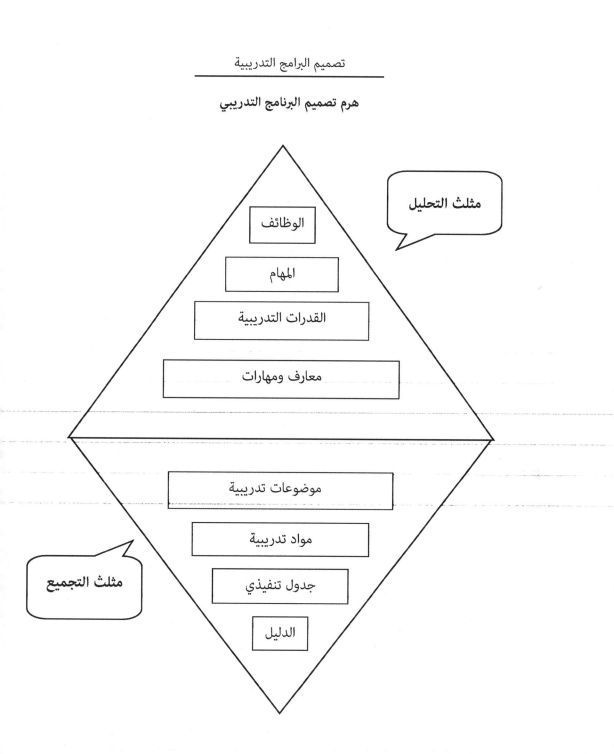

شكل التحليل الوظيفي

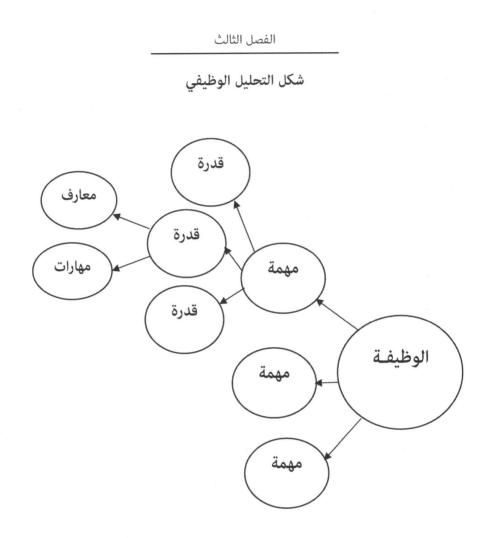

نموذج (1) تحويل المهام إلى قدرات تدريبية

الوظيفة:

....

....

المهام:

....

....

....

....

....

....

القدرات التدريبية اللازمة لأدائها:

1-

2-

3-

4-

5-

6-

7-

8-

9-

10-

نموذج (2) تحويل القدرات التدريبية إلى معارف ومهارات

المهمة رقم ( ) القدرة رقم ( ) مسمى القدرة التدريبية (   )

م	المعارف والمهارات	هل هي؟		الأهمية					الصعوبة				
		معرفة	مهارة	1	2	3	4	5	1	2	3	4	5
1													
2													
3													
4													
5													
6													
7													
8													
9													
10													
11													
12													

المهمة رقم ( ) القدرة رقم ( ) مسمى القدرة التدريبية ( )

م	المعارف والمهارات	هل هي؟		التكرار					قرار التدريب				
		معرفة	مهارة	1	2	3	4	5	1	2	3	4	5
1													
2													
3													
4													
5													
6													
7													
8													
9													
10													
11													
12													

1- المعارف والمهارات:

تسرد كافة المعارف والمهارات التي تتضمنها القدرة التدريبية بالتفصيل وبشكل شامل وتقييم من حيث الأهمية والصعوبة والتكرار ثم يتخذ بشأنها قرار التدريب المناسب.

2- التقييم:

تقيم كل معرفة ومهارة من خلال أبعاد الأهمية والصعوبة والتكرار حيث يعتبر رقم - 5 - في التقييم الأعلى.

3 - قرارات التدريب:

● تضمن المعرفة أو المهارة إلى البرنامج.

● تعتبر شرط أولي ويتم التدريب عليها في البرنامج.

● تضمن لشروط القبول في البرنامج ولا يتم التدريب عليها.

● تستبعد من التدريب لعدم أهميتها أو عدم جدوى التدريب عليها.

ويبنى قرار التدريب على النتائج التالية:

● عندما يكون إجمالي تقييم المهارة والمعرفة   5   فأقل يكون القرار   (4)

● عندما يكون إجمالي تقييم المهارة والمعرفة   6-7   يكون القرار   (3)

● عندما يكون إجمالي تقييم المهارة والمعرفة   8-10   يكون القرار   (2)

● عندما يكون إجمالي تقييم المهارة والمعرفة   11-15   يكون القرار   (1)

نموذج (3) تحويل المعارف والمهارات إلى مواضيع تدريبية

م	محتويات الموضوع (1)		الموضوعات التدريبية (2)
	المعارف	المهارات	
1			
2			
3			
4			
5			
6			
7			
8			
9			
10			
11			
12			

(1) تنقل من نموذج رقم - 2 - السابق المعارف والمهارات التي حصلت على قرار التـدريب رقم (1 – 2).

(2) تنسق هـذه المعارف والمهارات بحيـث تكـون كـل مجموعـة معـارف ومهارات متجانسة موضوع تدريبي مستقل.

77

نموذج (4) المواد التدريبية في البرنامج

المادة رقم ( )   مسمى المادة: ....

م	الموضوعات التدريبية التي تكون مادة تدريبية مستقلة	مسمى المادة التدريبية

نموذج (5) الجدول التنفيذي للبرنامج

الموضوعات التدريبية (1)	الأنشطة التدريبية (2)	الزمن (3)	الجلسة (4)	اليوم (5)
				الأول
				الثاني
				الثالث

(1) تؤخذ من النموذج رقم – 4 -.

(2) تحدد الأنشطة التدريبية التي سوف تستخدم لتنفيذ كل موضوع تدريبي.

(3) يحدد الزمن التقريبي المطلوب لتنفيذ كل نشاط أو الموضوع بالدقائق.

(4) يحدد عدد الجلسات المطلوبة لتنفيذ كل نشاط أو موضوع بمعدل 100 دقيقة للجلسة.

(5) تحدد ثلاث جلسات كيوم تدريبي.

نموذج (6) دليل البرنامج

الهدف العام:

....

....

الأهداف التفصيلية:

في نهاية البرنامج يتوقع أن يكون المتدرب قادر على:

1- ....

2- ....

3- ....

مدة البرنامج بالأيام: ....

الوظائف التي يستهدفها البرنامج:

....

....

....

شروط القبول في البرنامج:

....

....

....

المواد التدريبية:

....

....

....

نموذج تطبيقي لتصميم برنامج تدريبي:

الصفحات التالية هي نموذج تطبيقي لتصميم برنامج تدريبي مصغر قام به أحد المتدربين وهي المتدربة سوزان فلمبان والآن هي مدربة مميزة والنموذج كالتالي:

نموذج (1)   تحويل المهام إلى قدرات تدريبية

الوظيفة: أم حاضنة (أم بديلة)

المهام:

1- الإشراف على الأسرة التي تتكون من أفراد تتفاوت أعمارهم من سن الطفولة حتى 17 سنة، والإشراف يكون على (الأكل والشرب - النوم - النظافة -ترتيب المكان -رحلاتهم ..... الخ).

2- تربية الأفراد ومتابعة دروس أفراد الأسرة.

القدرات التدريبية اللازمة لأدائها:

1- الاتصال والتواصل مع الأفراد.

2- تحمل المسئولية.

3- فهم النفسيات.

4- إيصال المعلومات.

نموذج (2) تحويل القدرات التدريبية إلى معارف ومهارات

المهمة رقم (2) القدرة رقم (3) مسمى القدرة التدريبية: فهم النفسيات

م	المعارف والمهارات	هل هي؟		الأهمية					الصعوبة				
		معرفة	مهارة	1	2	3	4	5	1	2	3	4	5
1	الاتصال مع الآخرين												
2	معرفة كيفية التعامل مع الآخرين												
3	معرفة أنماط الشخصيات												
4	التحاور مع الآخرين												
5	الثقة بالنفس												
6													
7													
8													
9													
10													
11													
12													

المهمة رقم (2) القدرة رقم (3) مسمى القدرة التدريبية: فهم النفسيات

م	المعارف والمهارات	هل هي؟		التكرار					قرار التدريب				
		معرفة	مهارة	1	2	3	4	5	1	2	3	4	5
1	الاتصال مع الآخرين												
2	معرفة كيفية التعامل مع الآخرين												
3	معرفة أنماط الشخصيات												
4	التحاور مع الآخرين												
5	الثقة بالنفس												
6													
7													
8													
9													
10													
11													
12													

(1) المعارف والمهارات: تسرد كافة المعارف والمهارات التي تتضمنها القدرة التدريبية بالتفصيل وبشكل شامل وتقييم من حيث الأهمية والصعوبة والتكرار ثم يتخذ بشأنها قرار التدريب المناسب.

(2) التقييم: تقيم كل معرفة ومهارة من خلال أبعاد الأهمية والصعوبة والتكرار حيث يعتبر رقم –

5 - في التقييم الأعلى.

(3)   قرارات التدريب:

● تضمن المعرفة أو المهارة إلى البرنامج.

● تعتبر شرط أولي ويتم التدريب عليها في البرنامج.

● تضمن لشروط القبول في البرنامج ولا يتم التدريب عليها.

● تستبعد من التدريب لعدم أهميتها أو عدم جدوى التدريب عليها.

نموذج (3) تحويل المعارف والمهارات إلى مواضيع تدريبية

م	محتويات الموضوع (1)		الموضوعات التدريبية (2)
	المعارف	المهارات	
1	الاتصال مع الآخرين	الاتصال مع الآخرين	أسرار الاتصال مع الآخرين
2	معرفة كيفية التعامل مع الآخرين	معرفة كيفية التعامل مع الآخرين	كيف تتعامل مع الآخرين
3	معرفة أنماط الشخصيات	ـــــــ	أنماط الشخصية
4	ـــــــ	التحاور مع الآخرين	أهمية الحوار
5	ـــــــ	الثقة بالنفس	كيف تثق بنفسك
6			
7			
8			
9			
10			
11			
12			

(1) تنقل من نموذج رقم - 2 - السابق المعارف والمهارات التي حصلت على قرار التدريب رقم (2-1).

(2) تنسق هذه المعارف والمهارات بحيث تكون كل مجموعة معارف ومهارات متجانسة موضوع تدريبي مستقل.

نموذج (4) المواد التدريبية في البرنامج

المادة رقم (1) مسمى المادة: مهارات الاتصال والتعامل مع الآخرين

م	الموضوعات التدريبية التي تكون مادة تدريبية مستقلة	مسمى المادة التدريبية
1	أسرار الاتصال مع الآخرين	مهارات الاتصال والتعامل مع الآخرين
2	كيف تتعامل مع الآخرين	
3	أنماط الشخصية	
4	أهمية الحوار	كيف نتحاور بنجاح
5	كيف تثق بنفسك	تعزيز الثقة بالنفس

نموذج (5) الجدول التنفيذي للبرنامج

الموضوعات التدريبية (1)	الأنشطة التدريبية (2)	الزمن (3)	الجلسة (4)	اليوم (5)
أسرار الاتصال مع الآخرين	مشاهدة عرض فيديو (اتصال بين شخصين)	15	1	الأول
———	ورشة عمل يتم فيها اتصال ومحاوره بين كل فردين	15		
———	ورشة عمل أخرى يتم فيها اتصال كل مجموعة مع بعضها وتصوير المشهد باستخدام كاميرا الفيديو	20		

86

(1)   تؤخذ من النموذج رقم – 4 –.

(2)   تحدد الأنشطة التدريبية التي سوف تستخدم لتنفيذ كل موضوع تدريبي.

(3)   يحدد الزمن التقريبي المطلوب لتنفيذ كل نشاط أو الموضوع بالدقائق.

(4)   يحدد عدد الجلسات المطلوبة لتنفيذ كل نشاط أو موضوع بمعدل (100 دقيقة) للجلسة.

(5)   تحدد ثلاث جلسات كيوم تدريبي.

نموذج (6) دليل البرنامج

الهدف العام:

تزويد المتدرب بمهارات الاتصال مع الآخرين (في البيت - العمل - الحياة الاجتماعية).

الأهداف التفصيلية:

في نهاية البرنامج يتوقع أن يكون المتدرب قادر على:

1- معرفة أنماط وشخصيات الآخرين.

2- أهمية الاتصال مع الآخرين.

3- القدرة على الاتصال مع الآخرين.

4- التعامل مع العملاء والزملاء والرؤساء في العمل.

مدة البرنامج بالأيام: خمسون دقيقة.

الوظائف التي يستهدفها البرنامج:

موظفي الاستقبال - موظفي العلاقات العامة - موظفي السكرتارية - المعلمين والمربيين

شروط القبول في البرنامج:

الإرادة في التعلم والمعرفة ومن ثم التطبيق.

المواد التدريبية:

مهارات الاتصال والتعامل مع الآخرين.

الفصل الرابع
تصميم الحقائب التدريبية

اشتمل هذا الفصل على:

- 📖 مفهوم الحقائب التدريبية .
- 📖 معايير إعداد الحقائب التدريبية .
- 📖 مميزات الحقائب التدريبية .
- 📖 تصميم الحقائب التدريبية .
- 📖 طريقة بناء الأنشطة التدريبية .
- 📖 أسس تصميم الحقائب التدريبية .
- 📖 نموذج حقيبة تدريبية مفرغة .

الفصل الرابع

تصميم الحقائب التدريبية

مفهوم الحقيبة التدريبية:

هي مجموعة الأدوات والآلات والمعلومات والوسائل التي تساعد على تفهم المادة التدريبية واكتساب المعارف والمهارات من خلال التعامل المباشر مع مكونات الحقيبة التدريبية.

معايير إعداد الحقيبة التدريبية:

1- التعرف على الأهداف المعرفية المراد الوصول تحقيقها من خلال الحقيبة.

2- التعرف على مستويات المتدربين.

3- اختيار أسلوب التدريب والأنشطة المصاحبة.

4- إعداد البيئة التدريبية المناسبة.

مميزات الحقيبة التدريبية:

1- تعدد الوسائل المستخدمة في الحقيبة مثل أجهزة الفيديو، أشرطة التسجيل الصوتي، الحاسب الآلي، النشرات، النماذج، الشفافيات..).

2- الواقعية:

أ- في موضوعها ومحتواها بحيث يتم التدرب من خلالها على مهام وقضايا واقعية ومرتبطة بمهنة المتدرب الحالية أو مهنته بالمستقبل.

ب- مماثلة الوسائل والأدوات والمادة التدريبية في الحقيبة بما هو موجود في الواقع.

ج-‌‌‌ الأسلوب التدريبي يجب أن يحاكي ظروف العمل الفعلي.

مفهوم الوحدة المستقلة (المكتفية ذاتياً):

هي الوحدة التي تشتمل على كل المواد التي يحتاجها المتدرب في عملية التدريب حيث يمكن أن تحتوي على عدة أساليب تدريبية مثل: المحاضرة والتمارين وتسجيلات الفيديو وبرامج الحاسب الآلي.. وتبعاً لذلك ستحتوي على العديد من الوسائل التدريبية التي تلبي الاحتياجات التدريبية لأكبر عدد ممكن من المتدربين وأن تتميز الوحدة التدريبية المستقلة بالمرونة بحيث يمكن إحداث التغيرات في البرنامج التدريبي بما يتناسب واحتياجات المتدربين.

استخدام الحقيبة التدريبية:

يعتمد على الخبرة العملية المباشرة حيث يطبق المتدرب ويستخدم المعارف والمهارات الجديدة وفق قدراته الشخصية.

تصميم الحقيبة التدريبية:

1- الإطار العام للبرنامج التدريبي:

● العنوان، المؤسسة المشرفة على تنفيذ البرنامج، تاريخ الإعداد، الفترة الزمنية اللازمة للتدريب (من - وإلى).

● فهرس المحتويات، قائمة الأشكال والجداول.

2- مقدمة البرنامج:

● أن تكون خالية من التناقض ومنطقية في طرحها.

- أن تكون معتدلة لا مختصرة لدرجة تفقد المعلومات قيمتها ولا طويلة باعثة على الملل وعدم القبول النفسي من قبل المتدربين.

- الشمول والتكامل في عرضها لموضوع التدريب.

- التدرج بعرض محتوى المقدمة بحيث يعرض الماضي والحاضر والمستقبل.

3- **الأهداف العامة للبرنامج التدريبي:**

هي عبارات واضحة في معناها ولفتها وتتضمن عدداً من السلوكيات والمهارات الوظيفية والتي من الصعب التدريب عليها وقياس مدى تحصيلها في وقت قصير محدد كحصة أو يوم.

آلية أو أسلوب عرضها في البرنامج:

- يتم عرض هذه الأهداف بالاعتماد على تسلسلها التنفيذي خلال البرنامج.

فيكتب المصمم العبارة التالية:

بعد تطبيق هذا البرنامج يتوقع تحقيق الأهداف العامة التالية:

1- ....

2- ....

3- ....

4- ....

4- شروط الترشيح للبرنامج ومعايير القبول:

أ‌- الفئة المستهدفة من التدريب لابد من توفر مواصفات للمتدربين تتضمن متطلبات جسمية إدراكية، نفسية، شخصية، أكاديمية تحصيلية.

ب- متطلبات خاصة بجهة التدريب:

● الأدوات والوسائل التي يتم على أساسها اختيار المتدربين.

● الوثائق المطلوبة من المتدربين.

ج- الشروط الواجب توافرها في المدرب:

1- أن يكون على درجة عالية من المعرفة المتخصصة بالبرنامج التدريبي.

2- امتلاك المهارات النظرية والتطبيقية بدرجة عالية بموضوع التدريب.

3- إتقان أساليب التدريب المناسبة للموضوع وبخاصة أساليب تدريب الكبار.

4- القدرة على استخدام الوسائل التكنولوجية والأجهزة في تدريبيهم.

5- القدرة على إدارة الورشة التدريبية وتنظيم المتدربين.

6- القدرة على تقييم فعالية التدريب وكفاية تحصيل المتدربين.

كتابة المادة التدريبية:

الوحدات التدريبية: هي الاجتماعات أو جلسات العمل التي يلتقي فيها المدربون والمتدربون وبعض الفنيين في قاعات أو أماكن مناسبة بهدف رفع كفاءة المشاركين بالبرنامج للمهارات المقررة فيه.

وعند كتابة الوحدات التدريبية يتناول المصمم العناصر التالية:

● رقم الوحدة التدريبية وعنوانها في البرنامج التدريبي.

● يوم وتاريخ تنفيذ الوحدة مع المتدربين.

● المدة الزمنية للوحدة التدريبية بالدقائق.

● الهدف العام والأهداف السلوكية للوحدة.

● الخبرات السابقة للمتدربين.

- المحتوى أو المادة التدريبية.

- أنشطة المتدربين.

- الوسائل والتجهيزات التكنولوجية وطرق التدريب المستخدمة في الوحدة.

- المدربين والمعامل وقاعات العرض ومواد المتدربين ومراجع المدربين وأدوات التقييم المرحلي.

يراعي مصمم البرنامج عند كتابة الوحدة التدريبية ما يلي:

أ-   تجزئة عناصر الوحدة التدريبية إلى أقصى درجة ممكنة.

ب-   إعداد المواد الوسائل التدريبية غير المتوافرة تجارياً من خامات البيئة.

ج-   وصف الأجهزة والأدوات والمواد والمراجع لتكون الصورة واضحة.

د-   كتابة الوحدات التدريبية بصيغ متنوعة مثل الوحدات التدريبية المصغرة.

يراعي المصمم عند تنظيم محتوى المادة التدريبية ما يلي:

- تجزئتها إلى نقاط ومفاهيم ومهارات متجانسة ومحددة لتعلمها بسهولة.

- تزويد المحتوى التدريبي للوحدة بالرسومات والصور والجداول المناسبة.

- وضع عناوين فرعية لمحتوى الوحدة التدريبية مع تجزئة كل عنوان.

- الإكثار من التدريبات التطبيقية إلى جانب المفاهيم والمحتوى التدريبي.

- استخدام وسائل التقييم خلال مواقف التدريب كتغذية راجعة حول مهارات الوحدات التدريبية.

- وضع خلاصات في نهاية كل موضوع فرعي للمراجعة وتركيز تعلم المعارف.

إدارة البرنامج التدريبي وتنظيمه:

- الإشراف والمتابعة المستمرين للتنفيذ.

- الأمن والسلامة في استخدام الأجهزة والوسائل التدريبية وتعليمات استخدامها.

● تعليمات السكن للمتدربين والمواصلات ووجبات الطعام ومواعيد الاستراحة وأماكن الاتصالات البيئة المحيطة بمكان التدريب ومواقف السيارات.

● تقييم المتدربين من حيث المشاركة في وحدات التدريب والسلوك العام للمتدربين ومتابعة الغياب والتأخير والإجازات والاستبعاد من البرنامج وشهادات التدريب وأساليب توثيق المتدربين.

أساليب ووسائل تقييم فعالية البرنامج:

يعتمد تقييم فعالية أي برنامج تدريبي على درجة التغير الذي أحدثه البرنامج في المهارات السلوكية المطلوبة لدى المتدربين، وفي هذا البند يجب على مصمم البرنامج أن يضمن وسائل التقييم المستخدمة للكشف عن مدى تحصيل المتدربين للسلوكيات المطلوبة. وكذلك صعوباتهم التدريبية وجوانب القوة والضعف في البرنامج ثم الانطباعات العامة التي كونها المتدربون خلال فترة التدريب ويرفق مع كل أداة تقييم أهداف ومواقف استخدامها وكيفية تطبيقها من قبل المدربين أو الإداريين المعنيين أو الاستفادة من نتائج التقييم في تحسين ورفع كفاءة البرنامج بالتعديل والتنقيح.

كتابة التعليمات والإرشادات العامة للبرنامج:

1- اسم البرنامج، تاريخ انعقاده، المدة الزمنية للبرنامج (من وإلى) مكان تنفيذ البرنامج، المنسق، المدرب للبرنامج.

2- الخطوط العامة للبرنامج التدريبي (الأهداف التي يتحققها).

3- الفئة المستفيدة من البرنامج.

يوضح الشكل التالي الخطوات المتبعة لإعداد الحقائب التدريبية

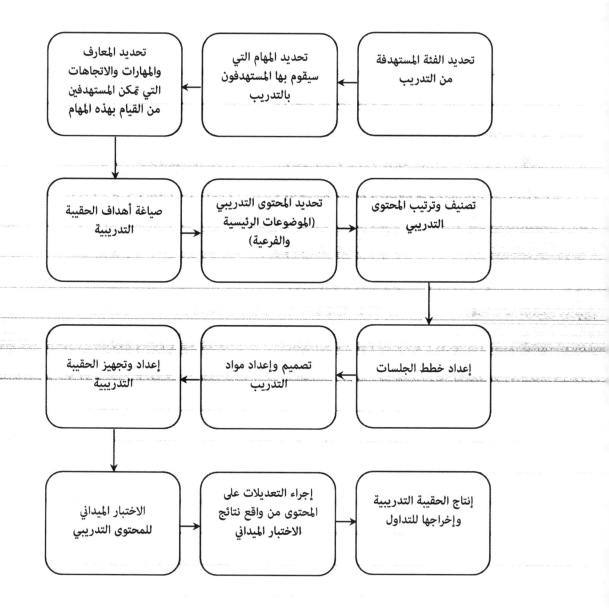

إعداد خطة جلسة تدريبية:

خطة الجلسة التدريبية هي الخطوط العريضة لما سيقال ويفعل خـلال فـترة زمنيـة معينـة أثناء التدريب، وهي تمثل دليل للمدرب عن كيفية تنفيذ الجلسة التدريبية، حيث أنها توضح متى تستخدم المعينات التدريبية، الزمن المخصص لكل جزء والتوقع للأسـئلة التـي قـد يطرحها المتـدربون، وخطة الجلسة التدريبية تجنب المدرب ضياع الوقت أو الانحـراف عـن الموضوع وتساعده علـى تحقيق أهداف الجلسة بالصورة المطلوبة.

مكونات خطة الجلسة:

- رقم الجلسة.

- عنوان الموضوع.

- الأهداف.

- النشاط.

- الزمن.

- أساليب التدريب.

- المعدات والأجهزة.

- البدائل (السيناريوهات المختلفة للأساليب والمعينات).

- معلومات عن الموضوع.

وضع خطة الجلسة:

وضع خطة الجلسة التدريبية يتطلب القيام بست عمليات هي:

(1) جمع المعلومات المتعلقة بالموضوع:

- اجمع كل المعلومات المتعلقة بالموضوع واكتب كل ما تعرفه.

- ضع أسئلة يمكن أن تُوجّه للمدرب.

- أجمع مواد تدريب تدعّم المحتوى.

- حدد المعينات السمعية والبصرية المناسبة لكل مادة.

(2) تحديد المحتوى التدريبي:

عند تحديد المحتوى التدريبي لابد من وضع الآتي في الاعتبار:

- من هو المتلقي؟
- ما هي الأهداف؟
- ما هي المدة الزمنية؟

ومن ذلك يتضح أننا نحتاج في تحديد المحتوى التدريبي إلى ترتيب المعلومات حسب **الأولوية والأهمية** على النحو التالي:

أ) **الأولوية الأولى:** وهي المعلومات الأساسية التي يجب معرفتها عن الموضوع لتحقيق أهداف الجلسة والتي إذا لم تقدم لا يفهم الموضوع بأي حال من الأحوال

ب) **الأولوية الثانية:** معلومات يستحسن معرفتها وهي المعلومات المفيدة التي تدعم وتضيف قيمة للمعلومات الأساسية. وهي تشمل المعلومات التي تساعد المتدربين على الفهم الجيد للموضوع حيث تعمق معارفهم فيه.

ج) **الأولوية الثالثة:** معلومات لا بأس من معرفتها وهي معلومات عَرَضية يمكن تقديمها إذا سنحت الفرصة والوقت وهي تشمل المعلومات العامة التاريخية والتفاصيل الصغيرة التي قد تكون جديرة بالمعرفة.

(3) تنظيم المحتوى التدريبي للجلسة بشكل متسلسل:

بعد تحديد المحتوى التدريبي للجلسة، يتم تنظيمه بشكل منطقي والترتيب المنطقي لمحتوى الجلسة يتبع عادة الأنماط التالية:

- من العام إلى الخاص.
- من المعلوم إلى المجهول.
- من النظري إلى العملي.

● من السهل إلى المعقد.

● التسلسل الزمني.

ومن ثم يتم تقسيم المحتوى إلى أقسام تشمل:

● التمهيد.

● المقدمة.

● لبّ الموضوع.

● تلخيص النقاط الرئيسية، ثم الختام.

(4)   تحديد متى يتم استخدام المعدات والمعينات التدريبية.

(5)   تحديد الإطار الزمني لكل خطوة أو عملية.

مواصفات المواد التدريبية الفعالة:

مواد المتدرب:

● واضحة وتعطي تعليمات وإرشادات محددة.

● منظمة جيداً.

● تعكس أهداف محددة.

● متعددة ومتتابعة المراحل.

● معدة لتنتقل من العرض إلى الممارسة والتطبيق.

● تقدم مجموعة مختلفة من النشاطات التدريبية.

● تتعلق بمجال أداء المشاركين.

● تعطي الفرصة للتقييم الذاتي.

مواد المدرب:

- مبنية على أهداف محددة.

- تضع قائمة بالمحتوى والمواد التي سيتم استخدامها.

- توضح الأنواع والأهداف المختلفة للأنشطة.

- تقدم خطوات قابلة للتطبيق لتقديم التدريب.

- تقترح بدائل مختلفة للتفاعل.

- تقترح الوقت الخاص بكل نشاط.

- تعطي إرشادات لاستعمال أدوات ووسائل التقييم.

مواد التقييم:

- موضوعية.

- تعطي كل من المدرب والمشاركين الفرصة لتقييم التدريب.

- تقيس مراحل التقدم والمنجزات (تقييم مستمر وأيضاً نهائي).

- تحصل على بيانات من وسائل تقييم مختلفة (مثل الملاحظة والوسائل المكتوبة).

- سهلة المراجعة والجدولة والتحليل.

يشترط أن يتوافر في دليل مخطط البرنامج التدريبي ما يلي:

1- الهدف العام للبرنامج General Goal:

يتم صياغة الهدف العام للبرنامج بحيث يوضح الحدود التدريبية العريضة التي يتناولها البرنامج التدريبي والذي تتكامل في سياقه المعارف والمهارات والاتجاهات التي يقدمها البرنامج.

2- الأهداف التفصيلية Specific Objectives:

في إطار الحدود التي وضحها الهدف العام، يتم تحديد الأهداف التفصيلية للبرنامج.

وينبغي تحديد هذه الأهداف بشكل إجرائي، أي بشكل واضح ومحدد وقابل للقياس، أو ما يـسمى بالأهداف الذكية Smart Objectives.

● ويجب أن يعبر الهدف عن نواتج التعليم، أي الأداءات التي يمكن للمتدرب القيام بها كدليل لتعلمه للعناصر التي قدمها البرنامج.

● ويراعى عدم الخلط بين نتاج التدريب، والنشاط الذي يؤدى إلى تحقيق هذا النتاج، فالزيارة الميدانية- مثلا- تعد نشاطا وليست هدفا،و يكون المطلوب تحديد الهدف من وراء الزيارة الميدانية.

3- المشاركون في البرنامج Target Audience:

وهم المتدربون المستهدفون، ويفضل أن يوضح هنا أيضا أي شروط (معارف و/أو مهارات واتجاهات) يجب توافرها في هؤلاء المتدربون قبل الالتحاق لكي يتمكنوا من الاستفادة مما يقدمه البرنامج وتحقيق أهدافه بنجاح، بالإضافة إلى المؤشرات التي تستخدم للتأكد من توافر هذه الشروط.

4- محتوى البرنامج Content:

يتكون محتوى البرنامج التدريبي من مجموعة المعارف و/أو المهارات والاتجاهات التي يترتب على تعلمها تحقيق المشاركين لأهداف البرنامج. وينبغي تبويب المحتوى في شكل موضوعات، ثم تبويب الموضوعات في وحدات تدريبية بالتالي فإنه يمكن تعريف الموضوع بأنه مجموعة متجانسة من المعارف و/أو المهارات والاتجاهات التي يحقق التدريب عليها هدفا متميزا من أهداف الوحدة التدريبية.

أما الوحدة التدريبية فيمكن تعريفها بأنها مجموعة متجانسة من الموضوعات التي يحقق التدريب عليها هدفا متميزا من أهداف البرنامج التدريبي.

● والجـدير بالـذكر أنه يوجد خلـط في الأوسـاط التدريبيـة يجب أزالتـه وهو الخلط بـين المحتـوى Content، والمـادة التدريبيـة Training Material، والـصحيح أن المحتـوى هـو

التصميم Blueprint الذي يتم على أساسه أعداد المادة التدريبية، أي أنه - كما سبق ذكره - مجموعة المعارف و/أو المهارات والاتجاهات مبوبة في شكل موضوعات ووحدات تدريبية، فالمحتوى هو الهيكل العظمى للبرنامج Skeleton، والمادة التدريبية هي Flesh& Blood.

● ويراعى عند تصميم البرنامج استخدام المدخل أو المداخل المناسب لتسلسل عناصر المحتوى وهي التسلسل المنطقي، من السهل للصعب، من المعلوم إلى المجهول، .... الخ.

5- طرق التدريب والوسائط المساندة:

ويتم اختيارها بناء على معايير معينة أهمها الأهداف، وطبيعة المحتوى، والمعاصرة.

وبصفة عامة، إذا كانت الأهداف التدريبية تقع في مستوى المهارات العقلية، أو الحركية فإنه يجب استخدام طرق التدريب التي تعتمد على الخبرات المباشرة مثل التمارين والحالات الدراسية، والأداء العملي، والتطبيقات بكافة صورها.

6- مدة البرنامج:

وما نريد التأكيد عليه هنا أن تحديد مدة البرنامج يجب أن يتم من أسفل لأعلى Bottom-Up، أي أن يتم تحديد الوقت الذي يستغرقه التدريب على كل موضوع - في المتوسط - من موضوعات الوحدات التدريبية للوصول إلى الوقت اللازم للتدريب على كل وحدة، ومن مجموع الوقت المخصص للتدريب على الوحدات يتم تحديد الوقت المخصص للتدريب على البرنامج. ويجب التأكيد هنا على خطأ الممارسات التي تبدأ بتحديد الوقت المخصص للتدريب على البرنامج ككل بشكل عشوائي ثم تقوم بتوزيعه.

7- تقويم أداء المشاركين في البرنامج:

يجب اختيار وإعداد أدوات تقويم أداء المشاركين في البرنامج بحيث تكون عينة ممثلة لأهداف البرنامج.

103

التخطيط الكامل لتصميم نشاط تدريبي:

الهدف من إقامة النشاط:

....

أسباب ومبررات قيام النشاط:

....

....

العمليات التي تمت لتحديد الحاجة إلى التدريب:

....

....

معلومات عن المستهدفين:

● الاسم الكامـــل ....

● المهنــة (الوظيفة) ....

● المستوى التعليمـي ....

● المنصب في المؤسسة ....

معلومات عن المحتوى التدريبي وتشمل:

الموضوعات الرئيسية ....

الموضوعات الفرعية ....

تكاليف إقامة النشاط التدريبي وتشمل:

تكاليف القرطاسية ....

تكاليف خدمات الأكل والشرب ....

تكاليف حوافز المدربين والمتدربين ....

تكاليف السكن والإعاشة ....

تكاليف أجهزة التدريب وإيجار قاعة التدريب ....

أسماء المدربين ومؤهلاتهم وتكاليفهم ....

إعداد خطة التدريب:

وهي عبارة عن ترتيب الأنشطة والمهام التي ستقوم بها الجهة المشرفة/المنفذة للتدريب (منسق التدريب / المدرب)، ويمكن وضعها بشكل جدول كما يلي:

م	النشاط /المهمة	المهام المطلوب القيام بها	الشخص / الجهة المسؤولة عن التنفيذ	الفترة الزمنية	الملاحظات

دراسة موارد التدريب المُتاحة بمنطقة العمل:

قبل الشروع في إعداد مقترحات وخطط التدريب لابد من أن يكون مسئول التدريب ملماً بموارد التدريب المتاحة بمنطقة العمل حتى يتسنى له إعداد المقترحات وإعداد الخطط بناءاً على ذلك. دراسة موارد التدريب المتاحة تشمل الآتي:

- التعرف على الجهات التي تقوم بالتدريب (مراكز/مؤسسات/أفراد) الموجودة في المنطقة، والتي تقدم التدريب التنموي والمهني.
- معرفة آلية عمل هذه المؤسسات وعناوينها وأرقام هواتفها.
- التعرف على الجهات التي يوجد بها قاعات خاصة بالتدريب تتوفر فيها كل متطلبات

إقامة الأنشطة التدريبية، وكذلك معرفة البرامج التدريبية التي تقدمها هذه الجهات، وتكلفتها وإطارها الزمني.

● التعرف على الجهات التي تدعم الأنشطة التدريبية (التنموية والمهنية)، ومعرفة آلية عملها وعناوينها وأرقام هواتفها والأشخاص المسئولين عن دعم التدريب بها.

● التعرف على الجهات التي تقدم الخدمات المساعدة (السكن، الإعاشة، الترحيل، .... الخ) ومعرفة الأسعار والشروط المتعلقة بتقديم هذه الخدمات.

استمارة خطة جلسة تدريبية

رقم الجلسة: .... اليوم: ....

الموضوع: .... التاريخ: ....../....../...... الزمـن: ....

أهـداف الجلسة:

1- ....

2- ....

3- ....

جـدول الجلسة:

الخطوات	النشـاط	الأسلوب	الزمـن

المعينات التدريبية الأجهزة والأدوات المطلوبة:

....

107

استمارة تقييم نشاط تدريبي

اسم المشارك/المشاركة (اختياري): ....

نوع وعنوان النشاط: ....

(أ) بيئة التدريب:

الموضوع	ممتاز	جيد	وسط	دون الوسط
التجهيزات المكانية				
الجدول الزمني				
خدمات الأكل والشرب				

(ب) محتوى النشاط التدريبي:

الموضوع	ممتاز	جيد	وسط	دون الوسط
محتوى النشاط وملاءمته لخبرات واحتياجات المشاركين				
الأساليب التي أتبعت في النشاط التدريبي				
مستوى المشاركة في الأنشطة والنقاش				

(ج) ما هي نقاط القوة في هذا النشاط التدريبي؟

....

....

....

(د) ما هي نقاط الضعف في هذا النشاط التدريبي؟

....

....

....

(هـ) ما هي الموضوعات التي لم يتطرق إليها هذا النشاط التدريبي أو لم تنل القدر الكافي من التناول؟

....

....

....

(و) ما هي مقترحاتكم لتحسين الأنشطة التدريبية المستقبلية؟

....

....

....

تصميم وتجهيز المحتوى التدريبي:

- تحديد محتوى الدورة التدريبية.
- تصنيف المحتوى التدريبي.
- ترتيب المحتوى التدريبي.
- اختيار الأسلوب المناسب لتديم كل جزء من أجزاء المحتوى التدريبي.
- تحديد الزمن اللازم لتقديم كل جزء من أجزاء المحتوى التدريبي

(أ) تحديد محتوى الدورة التدريبية:

محتوى أي دورة تدريبية يرتبط بشكل عام بالأهداف المحددة لتلك الدورة التدريبية، وعليه فإنه عند تحديد المحتوى يجب أن نضع الأشياء التالية في الاعتبار:

- هل يغطي المحتوى أهداف الدورة التدريبية؟

- هل يلبي المحتوى المقترح الاحتياجات التدريبية للمتدرب؟

- هل يؤدي المحتوى المقترح إلى مستوى الأداء المطلوب؟

- ما هو رأي المدربين الآخرين الذين يدربون في نفس المجال في المحتوى المقترح؟

(ب) تصنيف المحتوى التدريبي:

في هذه الخطوة يتم تحديد الأهمية النسبية لكل موضوع، حيث أن ذلك يمثل أهمية كبيرة في الاعتبارات التنظيمية (تخصيص الوقت اللازم لمختلف الموضوعات).

ولذلك يتم تقسيم المحتوى إلى موضوعات غاية في الأهمية، مهمة، إضافية أو اختيارية.

(ج) ترتيب المحتوى التدريبي:

بعد تحديد الأهمية النسبية لكل موضوع يتم تحديد الترتيب الذي يتم به عرض الموضوعات المختلفة في المحتوى التدريبي. ويكون ذلك إلى حد ما وفقاً للترتيب المنطقي من وجهة نظر المتدرب.

وفي معظم الأحيان يكون الترتيب وفقاً للآتي:

- ظروف المتدرب (الخلفية والإلمام بالموضوع، الزمن المتاح).

- نظرية التدريب التي تتبناها الدورة التدريبية.

- من العام إلى المحدد.

- من المختصر إلى التفصيلي.

- من المعلوم إلى المجهول.

- من النظري إلى العملي.

(د) اختيار الأسلوب المناسب لتديم كل جزء من أجزاء المحتوى التدريبي:

يتم اختبار الأسلوب التدريبي الذي يتناسب مع طبيعة كل موضوع تدريبي وعدد المتدربين ومستواهم ووقت التدريب... الخ. والمحتوى التدريبي الفعال هو الذي يتميز باحتوائه على مجموعة متنوعة من أساليب التدريب لتحقيق الهدف.

(هـ) تحديد الزمن اللازم لتقديم كل جزء من أجزاء المحتوى التدريبي:

يتم تقسيم المحتوى التدريبي على مدة زمنية تناسب المعدل الزمني الكلي للدورة ويتناسب كل جزء من الأجزاء مع الوقت المتاح.

أسس تصميم الحقيبة التدريبية:

م	العنصر	المحتوى	
1	**الغلاف**	الترويسة، اسم البرنامج، اسم المعد، اسم المراجع، سنة الإعداد	
2	**المقدمة**		
3	**الفهرس**	- الوحدة - الموضوع - الجلسة - الصفحة	
4	**دليل البرامج**	- اسم البرنامج - الهدف العام - الأهداف التفصيلية	- الفئة المستفيدة - مدة البرنامج
5	**المنهاج**	- اليوم - العنوان - الجلسة - الموضوع	- الهدف السلوكي للوحدة - الزمن (عدد الساعات)
6	**الإرشادات**	- إرشادات المدربات	- إرشادات المتدربات
7	**الوحدة الأولى**	- تحديد اليوم - عنوان الوحدة - تحديد الجلسة	- موضوعات الوحدة - زمن الوحدة
8	**الجلسة** ( )	- عنوان الجلسة - زمن الجلسة - أهداف الجلسة - موضوعات الجلسة	- الوسائل التدريبية - الإجراءات التدريبية: * الأنشطة (التمارين والتطبيقات) * الزمن * المادة العلمية
9	**تقويم البرنامج: - نموذج تقويم برنامج تدريبي**		
10	**المراجع الأساسية: - أسماء المراجع والمواقع على الانترنت**		
11	**القراءات الخارجية: - أوراق إضافية**		

نموذج حقيبة تدريبية مفرغة

الدولة: ....

الوزارة أو الجهة: .... الشعار

القسم أو المنطقة: ....

عنوان البرنامج التدريبي

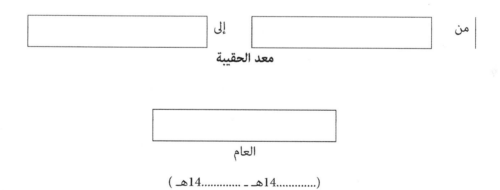

المنعقد في الفترة

من | | إلى | |

معد الحقيبة

العام

(............14هـ - ....14هـ)

فهرس الحقيبة

م	الموضوع	الصفحة

المقدمة

التعريف بالبرنامج

● البرنامج:

● موجه إلى:

1-

2-

3-

● متطلبات البرنامج:

1-

2-

3-

● المدربــــون:

● مدة البرنامج:

● الساعات التدريبية:

● تاريــخ البرنامج:

● مكــان إقامــة البرنامج:

● الجهة المشرفة على البرنامج:

إرشادات استخدام الحقيبة (المدرب)

1- ....

2- ....

3- ....

4- ....

5- ....

6- ....

7- ....

8- ....

إرشادات استخدام الحقيبة (المتدرب)

1- ....

2- ....

3- ....

4- ....

5- ....

6- ....

7- ....

8- ....

أهداف البرنامج

الهدف العام:

الأهداف التفصيلية:

محتوى البرنامج:

الوحدة	موضوعها	الهدف السلوكي	الساعات التدريبية	الجلسات التدريبية
الأولى				
الثانية				
الثالثة				
الرابعة				

الوحدة التدريبية:	الجلسة التدريبية
زمن الجلسة:	الموضوع:

أهداف الجلسة التدريبية:

يتوقع من المتدرب بعد انتهاء الجلسة أن يكون قادر على:

محاور الجلسة التدريبية:

الإجراءات التدريبية:

1	
2	
3	
4	
5	

الوسائل التدريبية المساعدة:

الوسيلة التدريبية	توظيفها	ملاحظات

أساليب التدريب المستخدمة في هذه الجلسة:

- ....
- ....
- ....
- ....
- ....
- ....

119

ملاحظات عامة:

تقويم الجلسة التدريبية:

المرفقات:

أولاً:   المادة العلمية: منظمة لكل جلسة بشكل مستقل تليها المشاغل والوسائل وأدوات التقويم.

ثانياً:   التقويم الختامي.

الفصل الخامس
تنفيذ البرامج التدريبية

اشتمل هذا الفصل على:

📖 مفهوم تنفيذ البرامج التدريبية.

📖 ما ينفذ قبل البرامج التدريبية.

📖 ما ينفذ أثناء البرامج التدريبية.

📖 أساليب التدريب.

📖 مهارات العرض والتقديم

📖 أنماط المتدربين.

📖 ما ينفذ بعد البرامج التدريبية مباشرة.

الفصل الخامس

تنفيذ البرامج التدريبية

تنفيذ البرامج التدريبية:

في هذه الخطوة يتم التطرق إلى كل ما يتعلق بتنفيذ البرامج التدريبية سواء قبل البرنامج التدريبي أو أثناء البرنامج التدريبي أو ما بعد البرنامج التدريبي مباشرة.

إجراءات وتجهيزات تنفيذ الدورات التدريبية:

قبل بداية الدورة التدريبية:

- إرسال خطابات إلى المشاركين.

- الاتصال بالمشاركين والتأكد من حضورهم.

- الاتصال بالأماكن المقترح تنفيذ الدورة بها والحصول على عروض أسعار وزيادة الأماكن لاختيار أنسبها.

- الاتصال بالمدربين والتنسيق بينهم وإعطائهم جدول الدورة.

- استلام خطة كل جلسة تدريبية من كل مدرب.

- استلام الأدبيات الخاصة بكل مدرب وتسليمها للطباعة والتصوير.

- تجهيز الأدوات التدريبية المساعدة والتأكد من صلاحيتها للعمل.

- شراء وتجهيز ملفات التدريب الخاصة بكل متدرب والأدوات المكتبية التي سيحتاجها.

- توفير وسيلة نقل لكل الاحتياجات التدريبية لمكان الدورة وكذلك نقل للمتدربين.

- تجهيز مبلغ من المال لتغطية المصروفات أثناء فترة الإعداد.

الكوادر التدريبية:

1- **المدربون:** لكي يحقق المدرب نجاحاً في التدريب عليه أن يمتلك مجموعة من السلوكيات والخصائص منها:

أ- رغبته في التدريب وتقبل المتدربين والعمل المتخصص.

ب- معرفة المدرب بقدراته وقدرات ومستويات تدريبية واحتياج المؤسسة الفعلي.

ج- التمكن من المادة التدريبية وخاصة بناءها للمدير وأعضاء هيئة التدريب.

د- المعرفة الدقيقة بالميدان وواقعه ومشكلاته وظروفه المادية والبشرية.

هـ- قدرته على الاتصال مع الآخرين والتخطيط للبرنامج التدريبي وتقبل أداء المتدربين وتعديل بعض الاتجاهات والأفكار السلبية لديهم وتعزيزهم في الوقت المناسب والتميز في إدارة المجموعات ومتابعتهم وتنويع أساليب التدريب والتقنية الحديثة في التدريب والتفاعل الهادف في الأنشطة مع المتدربين وإعطاء تصور عن التدريب.

اختيار المدربين:

أما عن اختيار المدربين فيمكن أن يرشح المدرب اعتماداً على قدراته وتميزه في عمله أو اعتماداً على ترشيح إدارته أو مؤسسته أو العلاقات الشخصية أحياناً أخرى.

● وتستخدم بعض الوسائل لذلك مثل المقابلة الشخصية والسيرة الذاتية وغيرها من أدوات ويحدد عدد المدربين حسب البرنامج التدريبي.

● الخبراء ومستشارين التدريب.

صفات المدرب الناجح:

● اعلم أنه ليس الأهم مقدار ما تعلم، ولكن الأهم هو مقدار استطاعتك إيصال ما تعلم إلى من لا يعلم.

- تدرج في كمية ونوعية المعلومات التي ترغب في إيصالها للمشاركين، وحاول أن تنتقل في إلقائك من السهل للصعب ومن المعلوم إلى المجهول.
- احرص على التدريب الرأسي لا الأفقي، وعلى التركيز لا التكاثر، واعلم أن الفائدة الحقيقة والمتعة والإثارة تكمن في تعميق الموضوع وسبر أغواره وليس في الطرح السطحي البسيط.
- اعرض على المشاركين بيانات ومعلومات وأفكار محدودة يمكن تذكرها، ولا تزد الجرعة عليهم، ولكن انتظر حتى يفهموا هذه المعلومات ويحفظوها ثم انتقل بعد ذلك إلى إضافة معلومات جديدة.
- حاول أن لا تعرض على الحاضرين أكثر من فكرة واحدة في الوقت الواحد.
- تأكد من استيعاب الأفراد لفكرتك قبل الاستمرار في تقديم فكرة جديدة.
- أعد التذكير ببعض المعاني والأفكار والموضوعات المهمة بين الفينة والأخرى، وعلى فترات متباعدة، وبأساليب مختلفة ومن غير تكلف، فقد أثبتت الدراسات أن الفكرة إذا ذكرت مرة واحدة للحاضرين فإنهم في نهاية الشهر يتذكرون 10% منها، ولكن إذا ذكرت ست مرات على فترات مختلفة فإنهم في نهاية الشهر يتذكرون 90% منها.
- إن استطعت أن تجعل الوصول إلى النتائج والإجابة عن التساؤلات تخرج من فم المشاركين أنفسهم لا من فمك فذلك أولى وأنفع لهم.
- احرص على الإلقاء المعد له إعدادا جيدا واحذر القراءة الدائمة من ورقة، فإنها مورثة للسأم مزرية للملقي أو المدرب.
- إذا سئلت سؤالا لا تعرف الإجابة عنه فلا تخجل من قولك لا أعلم، فإنها نصف العلم، ويمكن أن توجه السؤال للحاضرين لمناقشته أو تؤجل الإجابة عنه أو تكلفهم بالتفكير والبحث فيه.

- احرص على الإثارة، والتشويق والمفاجآت، ومخالفة توقعات المشاركين، وتجنب النمطية والروتين.

- كن طبيعيا، واحذر التكلف، واعلم أن ذلك سر من أسرار الإلقاء الجيد، كما أنه سبب لانجذاب الحاضرين إليك.

- راقب المشاركين، وتفقد أحوالهم، وتأمل في ملامح وجوههم، واحرص على أن لا ينام أحد منهم أو يسرح بخياله أو ينشغل جانبيا مع جاره أو يفكر في أمر خارج الموضوع. وإذا شعرت بالملل يدب إلى الحاضرين فأزله سريعا بطرفة أو لعبة أو تغيير الأسلوب، وإلا فإنه البرنامج أو اليوم التدريبي.

- شجع المنافسات الشريفة بين المشاركين، واستخدم لذلك أساليب عدة والتي منها: المباريات الإدارية، الألعاب التدريبية، فرق العمل، المسابقات، النقاش المشترك.

- تذكر دائما أن الناس تهوى القصص والتجارب والأخبار والأحداث.

- إذا ذكرت قصة أو مقولة أو واقعة فاذكرها بوضوح محددا التاريخ والأسماء والأماكن.

- مازح المشاركين، وأكثر من ملاطفتهم، ولا تكن يابسا فتمل وتكسر.

- تذكر أنك لست بهلوانا ولا مهرجا، فلا تفرط في المزاح والضحك، واعلم أن من كثر ضحكه قلت هيبته، ومن كثر مزحة استخف به.

- اقرأ كثيراً وجدد معلوماتك، وتابع آخر المستجدات واجعل معلوماتك شاملة ومتنوعة في جميع المجالات.

- كن فطنا ذكيا، سريع البديهة، حسن التصرف.

- فكر وتأمل قبل أن تتكلم، واحذر العكس.

- كن مبدعا في الإلقاء والتدريب، حريصا على التغيير والتجديد، متجنبا الروتين والرتابة ما أمكنك ذلك.

● قم بإدارة الوقت المحدد للإلقاء أو التدريب واحذر الإسراف في الحديث عن موضوعات لا تخدم أهداف البرنامج.

● كن واقعيا منطقيا، وتكلم عن بيئة الحاضرين، وعش واقعهم ومجتمعهم، وتجنب الإفراط في المثاليات.

● احرص على الحركة الايجابية والتشجيعية للرأس والتي مغزاها التأييد أو الرغبة في الاستماع أو إظهار الفهم والاستيعاب والمتابعة، وتكون بتحريك الرأس من أعلى إلى أسفل ومن أسفل إلى أعلى.

● توجه بنظرك إلى جميع الجهات، والتفت يمينا وشمالا، وإلى الأمام وإلى الخلف، وإياك أن تركز نظرك نحو جهة واحدة وتهمل الجهات الأخرى

● تجنب حركة العين السريعة.

● وجه حديثك إلى الجمهور وليس إلى آلة العرض أو شاشة العرض.

● أخرج الحروف من مخارجها، وانطق الكلمات بوضوح ولا تأكل أواخرها.

● تكلم بلغة يفهمها الجميع، واحذر التفلسف بمصطلحات غامضة فإن ذلك سبب لفقد انتباه واهتمام الحاضرين، وإذا اضطررت إلى استخدام تلك المصطلحات فاشرحها لهم ابتداء.

● غير معدل سرعة صوتك، ولا تجعل صوتك على وتيرة واحدة.

● أحسن استخدام الإشارة باليد، واجعلها منسجمة ومتناغمة مع طبيعة الكلام، ولكن احذر المبالغة فيها.

● احذر تكرار حركة ما كثيرا.

127

ما ينفذ أثناء البرامج التدريبية:

● مراجعة تنظيم القاعة بما يتناسب مع نشاط كل جلسة.

● ترتيب الأدبيات بالقاعة لكل جلسة بما يتناسب مع أنشطة التدريب والتحضير لليوم التدريبي الأول.

● توفير وسائل التدريب المعينة.

● الاحتفاظ بنسخة من كل أدبية يتم توزيعها لتكوين ملف تدريبي كامل.

● استلام تلخيص وتقييم كل يوم تدريبي وطباعته وتصويره لتوزيعه على المشاركين.

● التخطيط لأي زيارات ميدانية أو ترفيهية.

● تسجيل المصروفات اليومية.

● تجهيز وطباعة الشهادات.

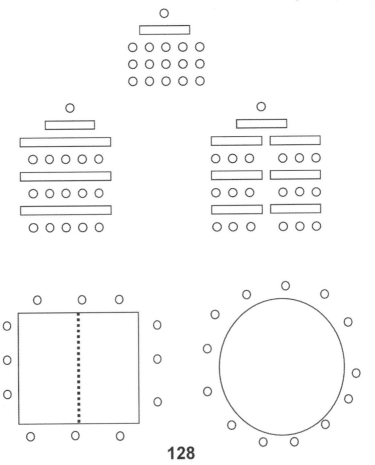

تنفيذ الدورة التدريبية:

● حفل افتتاح الدورة التدريبية.

● أهداف الدورة التدريبية.

● الإطار الزمني للدورة (البرنامج الكلي، الجدول الزمني اليومي).

● المشاركون (العدد /الأسماء / النوع / الفئات / المناطق...الخ).

● فريق العمل(المدربين+ الفريق المساعد).

● تفاصيل برنامج الدورة (المحتوى الذي تم تقديمه في كل جلسة تدريبية).

● أساليب التدريب التي استخدمت.

● دور المشاركين في تسيير الدورة.

● تقييم الدورة (نتائج مؤشر الانطباع اليومي / لوحة التعليقات / ملاحظات فرق التقييم / نتائج تحليل استمارة التقييم).

● حفل الختام وتوزيع الشهادات.

أساليب التدريب:

يمكن استخدام العديد من أساليب التدريب مع الأخذ بعين الاعتبار مدى مناسبة كل أسلوب للمحتوى التدريبي بحيث يستخدم أكثر الأساليب فاعلية وتحقيق الغرض المنشود، فقد تجد العديد من الأساليب يمكن أن تستخدم لإيصال المعلومة ولكن يوجد هناك أسلوباً مميزاً وأكثر كفاءة ودقة في توصيل المعلومة وهذه من الأمور المهمة التي يجب أن يراعيها المدرب في اختياره لأساليب المتدربين.

معايير اختيار أساليب التدريب:

هناك العديد من المعايير لاختيار طرق التدريب مثل نوعية المتدربين وعددهم وقدرات وكفاءة المدربين على تنفيذ البرنامج التدريبي وأهداف التدريب ومهام التدريب النظرية

129

والعملية ومدة البرنامج التدريبي ونوعية الأدوات والوسائل المستخدمة ومناسبتها وميزانية التدريب ومواعيده ومدى مناسبة الأساليب التدريبية لحاجات المتدربين.

أنشطة التعلم (أنشطة المتدرب):

هي كل ما يؤديه المتدرب سواءً كان لفظياً أو كتابياً أو عملياً للوصول إلى المعرفة الوظيفية ولتحقيق الأهداف السلوكية للتدريب. فأنشطة التدريب تتبع السلوك في الأهداف التحصيلية والإجرائية، فإذا كان السلوك تذكراً يكون النشاط تذكراً تبعاً لذلك وإذا كان السلوك استيعاباً أو تطبيقاً فإن النشاط يكون استيعاباً أو تطبيقاً.

معايير تطوير أنشطة التعلم في التدريب:

هناك مجموعة من معايير تطوير الأنشطة للتعلم في التدريب ومنها:

- أن تكون الأنشطة محفزة ومثيرة ومشوقة تشجع مشاركة المتدربين وتفاعلهم.
- التنويع في الأنشطة لتتلاءم مع رغبات المتدربين وخبراتهم وفروقهم الفردية.
- توظيف أخطاء المتدربين للتعلم والتحصيل أي أن نوعها ومحتواها ينبثق من خبرة ومعرفة المتدربين.
- تعزيز حدوث التعلم وتركيزه أي أن تدعم هذه الأنشطة الأخرى في التحصيل.
- توفير فرص التجريب والتطبيق بهدف تشكيل المهارات التدريبية الأولية لدى الأفراد المتدربين.
- توفر فرصاً للتغذية الراجعة والتصحيح.
- وضوح وخصوصية الأهداف.
- خبرة المدرب.
- معرفة الأفراد المتدربين لبعضهم البعض.
- تجانس أو نوعية خلفية المتدربين.
- الوقت المتوافر للتدريب.

أنشطة التقييم المرحلي أو الحالي:

هي عبارة عن مواقف اختيارية لمدى ومستوى تحصيل المتدربين لأنواع المعرفة التدريبية وتحقيق الأهداف السلوكية الموضوعية فهي سلوكيات وظيفية أثناء التدريب وقد تكون شفوية أو كتابية أو عملية

الهدف من التقييم المرحلي:

- هو تصحيح التدريب والتحصيل ورفع مستوى التحصيل لدى المتدربين.

الأساليب التي يتم فيها التقييم:

- التطبيقات العملية.

- الواجبات الكتابية في قاعة التدريب الفردية والجماعية، والواجبات البيئية.

- ملاحظة سلوكياتهم.

معايير اختيار وتطوير أنشطة التقييم المرحلي:

- يتم اختيار أنشطة التقييم المرحلي بناءً على الأهداف السلوكية الإجرائية.

- تمثيل أنشطة التقييم نوعاً وكماً لسلوكيات الأهداف الإجرائية.

- تعدد أنشطة التقييم الخاصة بكل هدف إجرائي لتركيز أكثر السلوكيات الفرعية، وبهدف تحصيل هذه السلوكيات.

- يمكن ممارسة أنشطة التقييم في بيئة التدريب وتجهيزاتها ووسائلها.

أساليب التدريب:

أولاً: أسلوب المحاضرة (الإلقاء):

يتمثل أسلوب المحاضرة بأنه تقديم مضمون الموضوع بمعرفة خبير أو محاضر في مادة الموضوع لمجموعة من المشاركين (المتدربين) يظلون طوال المحاضرة غير مشاركين (مستحيين) اللهم إلا أن يقوم المشارك (المتدرب) بتدوين بعض الملاحظ طوال مدة الجلسة التدريبية إلى أن يحين وقت التعامل مع الأسئلة في نهاية المحاضرة.

ويفضل اللجوء إلى المحاضرة بأسلوب تدريبي في حالات محددة مثل:

● ضيق الوقت المتوافر للتدريب، المعلومات الجديدة كلياً على المتدربين، الصعوبة الملحوظة لمواد التدريب.

خطوات إعداد المحاضرة:

أ- نوع المتدربين.

ب- هدف المحاضرة.

ج- الوقت المتوافر للمحاضرة (طول المحاضرة).

د- مادة المحاضرة.

التحضير للمحاضرة ويشمل:

أ- كتابة المحاضرة.

ب- تحضير (إعداد) الوسائل التوضيحية.

ج- الاستعداد على إلقاء المعلومات بالمحاضرة

تقديم المحاضرة ويشمل:

أ- نقطة المعلومات المطلوبة.

ب- مظهر المحاضر.

ج- الصوت المناسب.

د- لغة المحاضر السليمة.

هـ- الاتزان والثقة بالنفس.

مزايا أسلوب المحاضرة:

أ- أسلوب مناسب للأعداد الكبيرة.

ب- يتحكم المحاضر في الوقت المخصص.

ج- يمكن للمحاضر أن يوزع مقدماً مادته على المشاركين.

د- أقل أساليب التدريب كلفة.

محاذير أسلوب المحاضرة:

أ- عدم مشاركة المتدربين في النقاش يجعل المحاضرة عرضة للنسيان.

ب- أسلوب المحاضرة قد يكون مملاً لبعض المتدربين الذين يحرصون على طرح أسئلة أو مناقشة المدرب ولا يتوافر ذلك لهم.

ج- استخدام الأسئلة في نهاية المحاضرة ليس كافياً.

ثانياً: أسلوب المناقشة:

● تسمح المناقشات في المجموعات الصغيرة لمعايشة أعضاء المجموعة بعضهم لبعض وتنمية الرغبة بالتفاهم والتفاعل مع الغير، فضلاً عن مشاركتهم بما يناسب من آراء وميول وخبرات ومعارف ومهارات.

● ويمكن أن تطبق المناقشات بأساليب متنوعة ومن أهمها أسلوب المجموعات الصغيرة التي يتراوح عدد أفرادها (5-15) مشاركاً وهناك شروط إجرائية عامة يمكن مراعاتها عند تطبيق أسلوب مناقشات المجموعة الصغيرة تتمثل بما يلي:

- ألا يزيد عدد المشاركين في المناقشة عن خمسة عشر مشاركاً في المجموعة الواحدة.

- أن يكون شكل مجموعات المناقشة على شكل هلال، أو دائرة، أو مربع ناقص ضلع أو مثلث أو نصف دائرة وذلك ليستطيع كل مشارك مشاهدة زميله ومواجهته.

- أن تحدد مواضيع المناقشة الوقت المخصص.

- أن يكون لكل مجموعة منسق لتنظيم المشاركات والآراء.

- أن تعرض النتائج في نهاية الوقت المحدد من كل مجموعة وتقديم الخلاصة النهائية للمشاركين.

مزايا أسلوب المناقشة:

- إتاحة الفرصة لقائد المناقشة لاستخدام المشاركين في تدعيم الاستجابة المرجوة.

- يكون للمشارك فرصة مستمرة للوقوف على مدى إجادته توصيات قائد المناقشة.

- يعتبر أسلوبا ملائماً لتوظيف التعلم التعاوني بين المشاركين.

محاذير استخدام أسلوب المناقشة:

- وجود القصور أو الاختلاف في الاستعداد الكلامي بين المشاركين.

- وجد في كل مجموعة شخصيات مختلفة ذات أنماط سلوكية مختلفة يجب التعامل معها بحذر ولباقة ومن هذه الشخصيات: المشاغب، الإيجابي، الدعي، الثرثار، الخجول، غير المتعاون، البليد، المتعالي.

ثالثاً: دراسة الحالة:

دراسة الحالة هي عرض معلومات مفصلة عن الوضع الراهن لمؤسسة أو وظيفة والطلب إلى المشارك (المتدرب) تحليلها والتأمل منها وتحديد المشكلة التي يعاني منها ثم اقتراح الحلول العلاجية (الإجراءات) التي يراها مناسبة ولعل من أهم الأغراض التدريبية التي تخدمها هذه الطريقة (الأسلوب) تتمثل في تعويد المشاركين على التفكير لأنفسهم بوساطة الدراسات المستقلة ثم تطوير مهاراتهم في استعمال المعلومات (توظيف المعلومات) لصناعة القرارات الوظيفية المناسبة لمواقعهم الحياتية العملية.

خطوات تطبيق دراسة الحالة:

- اختيار المشكلة والوظيفة التي ستجري دراستها.

- ملاحظة وجمع البيانات كما هي في الواقع.

- كتابة الحالة كما تشير بياناتها.

- تنقيح الحالة لمواكبة طبيعة الواقع ومتطلباته.

- مناقشة الحالة والتحقق من صلاحيتها للتدريب، أو كنموذج لحالات التدريب.

134

مزايا دراسة الحالة:

● أسلوب مناسب لأنه قد يقرب المشارك (المتدرب) من الواقع أو يقربه من أرض الواقع في العملية التدريبية.

● يتعود المشاركون (المتدربون) على التفكير لأنفسهم بوساطة الدراسات المستعملة.

● تتطور مهارات المشاركين في استعمال المعلومات لصناعة القرارات الوظيفية.

محاذير دراسة الحالة:

● قد يخرج بعض المشاركين بانطباع خاطئ عن مواقف العمل الحقيقة.

● قد يتوقع بعض المشاركين أن القرارات التي تتخذ في العمل مشابهة للقرارات التي تتخذ في جلسة تدريبية.

رابعاً: العرض النموذجي:

العرض النموذجي هو تقديم المدرب لمهارة أو سلوك أو خبرة محددة مباشرة بنفسه أو أداء معين أو بوساطة وسائل تعليمية مثل عرض فيلم تعليمي الأفلام المتحركة أو الصور أو الرسوم أو المواد السمعية أو غيرها، وذلك بصيغ مضبوطة متتابعة ودقيقة في صحتها ويقوم المشاركون خلال ذلك بالمشاهدة أو الاستماع للمطلوب ومحاولة تقليده أو الاستماع إلى وصفه.

خطوات تنفيذ العرض النموذجي:

● وصف المدرب للسلوك الذي تتم ملاحظته وتقليده.

● ملاحظة المشاركين لفيلم فيديو يوضح السلوك الذي يتم تقليده أو تقديم المتدرب للسلوك نفسه إن أمكن.

● ممارسة المتدربين للسلوك بإشراف المدرب أو المتفوقين من أقرانهم.

● تزويد المشاركين بتغذية راجعة حول نوعية إنجازهم ومدى مطابقته مع السلوك الذي تم تقليده (أو نمذجته).

135

مزايا العرض النموذجي:

● يستخدم هذا الأسلوب في عدة مجالات وأنواع من التدريب مثل تدري بالمعلمين على تنفيذ مواقف تعليمية فعالة.

● ويستخدم أيضاً في إعداد المدربين وقادة الاجتماعات الثقافية والندوات.

● التطبيق في هذا الأسلوب يكون بعد الشرح وعلى الطبيعة مباشرة.

محاذير العرض النموذجي:

● يجب ألا يزيد عدد أفراد المجموعة على عشرة أفراد وتقل الفائدة كلما زاد العدد عن عشرة أفراد وذلك حتى يمكن إتاحة الفرصة أمام كل مشارك أو متدرب في المجموعة ليلاحظ ويتابع التجربة ويمارس التمرين العملي بنفسه.

● قد تكون تكلفته مرتفعة بعض الشيء.

● صعوبة توافر الإمكانات والتسهيلات اللازمة له في كل وقت.

● قد يتعذر استخدام هذا الأسلوب في كل أنواع التدريب لما ينجم عنه من خسائر أثناء التطبيق العملي.

خامساً: تمثيل الأدوار:

● يعتبر هذا الأسلوب من أساليب المواقف المحاكية التي تهدف إلى تقريب التدريب من الواقع، وهو طريقة يمكن بها إعداد مواقف من الحياة العادية يحصل فيها المشاركون (المتدربون) على فرصة ممارسة العلاقات الإنسانية في جو وظيفي (معلمي) آمن، ويمكن الحصول على أفضل النتائج إذا تخيل المشتركون أنفسهم كما لو كانوا في المواقف الحقيقة وإذا اتخذوا من هذه المواقف التي توضح لهم نفس المشاعر والاتجاهات كما لو كانت تعرض لهم.

● ويختلـف أسلـوب لعـب الأدوار عـن عمليـة التمثيل فالممثـل يمثـل دور شـخص آخـر وعليـه أن يتحـدث بـالكلمات التي يمـده بهـا هـذا الشـخص في حـين يظل القـائم بلعـب

الدور هو هو مع إعطائه اسماً جديداً ووظيفة جديدة وخبرة سابقة معينة ويتصرف في الموقف ويتحدث وفقاً لما عليه اتجاه سلوكه.

- ويجب أن يتم التفاعل بين لاعبي الأدوار وشخصياتهم الحقيقة بالشكل الذي استجد أو تغير عن طريق التعليمات والمواقف والمشاعر التي يثيرها التفاعل.

خطوات العمل في لعب الأدوار:

- تعريف المشكلة وتحديدها.
- تهيئة الموقف.
- توزيع الأدوار.
- تلخيص التعليمات.
- إثارة حماس اللاعبين والمشاهدين.
- لعب الدور نفسه.
- إيقاف اللعب.
- مناقشة لاعبي الأدوار.
- مناقشة المشاهدين للمواقف وتحليلها.
- إعداد خطة تجربة السلوك المقترح.

مزايا لعب الأدوار:

- أسلوب مناسب إذا كان موضوع البحث (المشكلة) قريباً من الحياة العملية للمشاركين ويتلقى المشاركون تغذية راجعة من المدرب أو الزملاء مما يكسبهم الثقة ويزيل عنهم التوتر.
- أسلوب مبني على المشاركة الفعالة من المتدربين.
- إن مدى المهارة في القيام بلعب الدور مؤثر لنجاح المتدرب في المجال الوظيفي المقرر في التدريب.

محاذير لعب الأدوار:

● يمكن أن يشعر بعض المتدربين بالحرج مما يؤدي إلى اهتزاز ثقتهم.

● يمكن أن يحمل الأسلوب على محمل الهزل في بعض الأحيان.

● قد لا يتوافر التفاعل من بعض المشاركين أحياناً.

● قد يفتقر بعض المشاركين إلى مهارات في لعب الأدوار.

مهارات العرض والتقديم:

يُعتبر تقديمُ وعرضُ نفسِك أو أفكارك عاملاً مهمًا للنجاح، وذلك من خلال كيفية تنظيم أفكارك واستخدامك للغة الحركية واللفظية، إضافة لاستخدامك وسائل الإيضاح المناسبة، وغيرها من الأمور التي تزيد من قبول الآخرين لك، وهذا الكتاب يمدك بالمهارات اللازمة للتقديم والعرض، والتي سوف تدعم نجاحك في أي مجال كنت، وسيصبح تقديمك وعروضك أكثر فعاليّة.

التقييم الذاتي لمهاراتك الحالية في تقديم العروض:

قيّم وحدّد مهاراتك الحالية وجوانب القوة فيها، وكذلك المهارات التي تحتاجها من قائمة مهارات العرض والتقديم، وطوّر نفسك لاكتسابها وإتقانها.

تحديد الأهداف:

يجب أن تحدّد الأهداف من وراء التقديم والعروض التي سوف تعرضها.

السيطرة على القلق:

يبقي القلق حالة طبيعية طالما أنه لا يعيقك عن العمل، وعند تقديم أي عرض يصاحب ذلك قلق فطري وضغوط طبيعية، والمهم أن توظف هذه الضغوط لصالحك لتقديم عروض أكثر حماسًا وفعالية.

ولكي تسيطر على القلق عليك إتباع ما يلي:

1- **التنظيم:** عدم التنظيم يسبب القلق، وكلما شعرت بأن أفكارك مرتبة ومنظمة زادت ثقتك بنفسك وتلامس القلق.

2- **التخيّل:** تخيل أنك تنجز أعمالك وعروضك بنجاح وفعالية، وتذكر أن التخيّل الإيجابي يولد نتيجة إيجابية، والتخيّل السلبي يولد نتيجة سلبية.

3- **التدريب:** درّب نفسك باستمرار على التقديم والعرض أمام الزملاء أو أمام من تحب أو أمام المرآة أو حرّك شفتيك أو صوّر نفسك بالفيديو، كل ما سبق هو تدريب ذاتي لنفسك، وتذكر أن الطريق الوحيد للإتقان هو التكرار (التدريب).

4- **التنفس بعمق:** أنت تحتاج أثناء عرضك إلى العضلات التي تمد بالطاقة والحيوية، وهي تعتمد اعتماداً كلياً على توفر الأكسجين اللازم من خلال الاسترخاء والنفس العميق، فقلّة التنفس تساعد على التوتر والقلق، لذا استرخِ ثم استرخِ...

5- **التركيز على الاسترخاء:** تدرّب على التركيز على الاسترخاء بدلاً من التركيز على الخوف القلق، وصفِّ ذهنك من أي مشتّتات، فقط ركّز على تفكيرك بالاسترخاء.

6- **إزالة التوتر:** كلما زاد التوتر زاد انقباض العضلات، وقل التركيز مما يؤثر على تفكيرك وحيويّتك، والعكس يحدث عند ما يقل أو يتلاشى التوتر، كيف أتجنب زيادة التوتر؟ والجواب عن طريق تمرين الاسترخاء قبل تقديم العروض، فهي كفيلة بأن تزيل جوانب لديك.

7- **التحرك أثناء تقديم العرض:** قد يعاني المتحدث من التوتر نتيجة وقوفه في مكان واحد أثناء عرضه، لذا زيادة الحركة تساعد على التقليل التوتر سواء حركة الجسم أو اليدين أو الرأس أو العينين.

8- **الاتصال البصري مع الجمهور:** يساعد الاتصال البصري على جعل التعامل مع الجمهور كعلاقة شخصية، لذا تواصل مع عيون الحاضرين أثناء عرضك، وكأنك

توجه الحديث إلى كل منهم شخصيًا، فالاتصال البصري يزيد من استرخائك وجذب الجمهور واهتمامهم بك.

تخطيط العرض:

يجب أخذ بعض الاعتبارات المتعلقة بالملابس والمظهر أثناء العرض والتقديم، وبشكل عام يجب تجنّب المبالغة وارتداء الملابس والكماليات ذات الأنماط، والألوان البسيطة، وعمومًا يجب أن تجذب اهتمام الجمهور لشخصيتك لا إلى ملابسك.

تخطيط العرض: وضع خُطة للعرض تزيد من كفاءة أسلوب العمل، وتتم بواسطة:

الخطوة الأولى: تحديد الأهداف.

ما هو الهدف من العرض؟ هل هو للعرض أم للإبداع؟ هناك فرق بينهما:

1- عرض الإقناع: يبلّغ المتحدث الحضور عن الأمور والتغيرات المطلوبة.

2- عرض الإبلاغ: تتضمن بوجوب اتخاذ إجراء ما حول مشكلة أو مهمة.

عليك أن تحدد أولاً نوع العرض الذي سوف تقدمه ثم انتقل من الإبلاغ إلى الإقناع وذلك بتحليل الجمهور كالتالي:

عندما تريد تحليل جمهورك يجب أن تراعي عدة أمور وهي:

1- القيم، يجب أن تكون ملماً بقيم المجموعة التي أمامك (الجمهور)، فلكل جمهور قيمه الخاصة به بحسب المنظمة والمواقع والبيئة.

2- عرض الأفكار الفرعية، وهي عبارة عن أفكار مساندة تدعم الأفكار الرئيسة.

3- عرض المزايا، وإبلاغ الجمهور بها لزيادة قناعتهم بعرضك، وتكون منظمة حسب الأهمية.

4- تصميم نشرات التوزيع، وتوضع عليها المعلومات التي تدعم العرض والمعلومات

المساندة التي لا تريد حشوها بوسائل الإيضاح، وقد تُوزّع قبل أو بعد أو أثناء العرض حسب الجمهور.

5- إعداد وسائل الإيضاح، تزيد استخدام وسائل الإيضاح من ترتيب وتنظيم أفكارك.

6- جملة عرض الفكرة الرئيسة، جملة المراجعة، وذلك بعرض الأفكار الرئيسة للعرض الذي تقدمه ثم أرجعها إليهم في نهاية العرض.

7- إعداد المقدمة. تتكون المقدمة من عنصرين رئيسين هما:

أ- طرح المعلومات المهمة وتشمل خلفية الموضوع وأهميته، وإبراز قدرتك على بحث الموضوع أمام الجمهور.

ب- جذب الانتباه، وتُعد هذه الخطوة بالغة الأهمية في جذب الجمهور لعرضك وتعلّقهم بأسلوب العرض، وفيما يلي بعض الطرق الشائعة لجذب الانتباه.

● رواية الطرف: وهي عبارة عن القصص القصيرة، وقد تكون فكاهية ولكن ليس دائمًا، والهدف منها توصيل معلومة أو مفهوم للحاضرين.

● رواية الفكاهات: تعتبر الفكاهة أفضل وسيلة لكسر الحاجز بينك وبين الحاضرين، ولكن احذر من هذا الأسلوب؛ فقد يكون مردوده عكسي. اربط الفكاهة بالموضوع أو المناسبة بعيدًا عن التعصب أو السخرية، وتجنب الفكاهة المستخدمة من المقدمة، والتي ليس لها علاقة بالموضوع.

● استخدام الأسئلة. هناك طريقتان لهذا الأسلوب:

أ- طرح الأسئلة المفتوحة، وهنا قد يحدث إزعاج نتيجة الإجابات المتداخلة.

ب- طلب رفع الأيادي لضمان عدم مضايقة الجمهور لك وتجنب الإزعاج. عمومًا استخدمْ هذين الأسلوبين حسب طريقة طلبك للإجابة ونوعية الجمهور.

- السؤال البياني ممتاز لجذب انتباه الجمهور مثل (كم عدد الحاضرين الذين يريدون منحهم أبحاث أكبر).

- الجمل العنيفة تساعد على شد انتباه الجمهور، ولكن بحكمة.

- الجمل المقتبسة، وقد تكون قصيرة أو طويلة مكتوبة أو مرتجلة في بدء العرض تساعد على جذب انتباه الجمهور.

8- إعداد الخاتمة، الخاتمة الجيدة هي عبارة عن تكرار للأفكار الرئيسة للعرض، والتي تحتاج إلى إقناع في عرضها؛ فالعرض حتى يكون مقنعًا لابد أن يعتمد على خاتمة القوية، والتي تستقر في أذهان الجمهور وتزيد من قناعتهم بعرضك.

وسائل الإيضاح:

تلعب وسائل الإيضاح دورًا بارزًا في نجاح عملية العرض والتقديم لأنها:

1- تجذب انتباه الجمهور.

2- تعزّز وتدعم الموضوع المشروح شفهيًا.

3- تحفز الاهتمام.

4- تصور العناصر التي يصعب تخيلها.

عند إعداد وسائل الإيضاح، استخدم مبدأ الاختصار والبساطة، لا تشحن العرض بكمية هائلة من المعلومات؛ لأن ذلك يشتت انتباه الجمهور وينفرهم من العرض.

عشرة إرشادات لإعداد وسائل إيضاح فعّالة:

1- استخدام أقل قدر من وسائل الإيضاح، ويفضّل استخدام وسيلة واحدة لكل دقيقتين من وقت العرض.

2- شرح فكرة رئيسة واحدة لكل وسيلة مساعدة واحدة على أن تكون بسيطة وواضحة لمنع التشتّت.

3- كتابة النص والأرقام بشكل واضح، وتأكّد من وضوح الرؤية للجمهور.

4- استخدام وسائل الإيضاح المصوّرة كالرسوم البيانية والصور والمخططات الإنسانية.

5- استخدام الألوان بحرص أو تجنّب تضارب الألوان أو الألوان الصاخبة في الكتابة والخلفيّات.

6- استخدام وسائل إيضاح كبيرة وسهلة المشاهدة، وتأكد وضوح الوسيلة لأبعد نقطة في مكان العرض.

7- الرسوم البيانيّة فهي تتيح أكبر عرض للمعلومات والبيانات.

8- ضع صورًا ورسومًا بيانية سهلة المشاهدة لأبعد شخص في مؤخرة الغرفة.

9- اصنع وسائل إيضاح جذابة تحتوي على ألوان شديدة التباين مع تجنّب تضارب الألوان.

10- تجنب كثرة وسائل الإيضاح فبعض النقاط بسيطة ولا تحتاج لوسيلة إيضاح بل يكفي إلقاؤها شفهيًا.

إرشادات حول المعلومات المتضمنة في العرض:

1- لوحة الأرقام: استخدم 25-35 رقمًا كحد أقصى للأرقام لكل وسيلة إيضاح، وعند حاجتك للأرقام الأولية ضع في نشرة مستقلة ثم قم بتوزيعها على الجمهور.

2- لوحة النص: استخدم مقاس 6×6 لكتابة النص (6 أسطر، 6 كلمات لكل سطر) إذا كنت بحاجة لأسطر أكثر استخدم أكثر شريحة، وانتبه من عملية التكرار.

3- تقديم أنواع مختلفة من المعلومات، مثل النسب المئوية، الأجزاء، الوقت، التكرار، الربط.

استخدام الألوان في وسائل الإيضاح:

يجب العناية في استخدام الألوان، ومطابقتها مع الموضوع والجمهور، والغرض منها فمثلاً:

● اللون الأزرق يعطي انطباعًا محافظًا أكثر من اللون الأصفر.

● الألوان الباهتة تدل على الهدوء كالرمادي والوردي.

● الألوان الحمراء، والبرتقالية والبنية تعطي نوعًا من الدفء.

لذا يجب مراعاة ما يلي:

● ألوان الخلفية متباينة مع ألوان النص أو البيانات.

● عدم تضارب الألوان مع وجود التنسيق.

● اجعل الألوان البرّاقة للنقاط الأكثر أهمية.

● حافظ على تناسق الألوان في جميع الشرائح.

توجيه انتباه الجمهور:

لجذب انتباه واهتمام الجمهور، هناك عدة طرق منها:

1- أغلقْ جهاز العرض العلوي عند الحاجة لشرح مطوّل لنقطة ما.

2- اتركْ صفحات فارغة بين الشرائح المعدّة مسبقًا، وتقدم للإمام خطوة.

3- امسحْ كافة المعلومات التي على السبورة لتجديد انتباه الجمهور.

4- ضعْ بين الشرائح شريحة سوداء عند النقاط التي تحتاج إلى شرح.

5- اعرضْ المادة بالكشف التدريجي لجذب الجمهور بسبب فضولهم للكشف عن الجزء الغامض.

6- تجنبْ توزيع أي نشرات أثناء العرض لكي لا يتشتت انتباه الجمهور.

7- ضعْ المعدات في مكان يمكّن من الوقوف في وسط الغرفة لجذب انتباه الجمهور.

إرشادات حول استخدام المؤشر:

1- يمكن استخدام المؤشر لإعطاء إشارة بصرية سريعة.

2- عند استخدام المؤشر وجه كتفك نحو الجمهور بمعنى أمسك المؤشر باليد الأقرب للشاشة.

3- لا تعبث بالمؤشر في حالة عدم استخدامه.

4- استخدم المؤشر على الشاشة، وليس على جهاز العرض العلوي.

5- عند ترك المؤشر فوق جهاز العرض يؤدي إلى زيادة التركيز على الشاشة وتشتيت الانتباه.

6- عند استخدام مؤشر الليزر يجب مراعاة ما يلي:

- لا تُشرْ به نحو شيء ما بل إلى أشكال أو رسومات، فسيؤدي ذلك إلى إخفاء ارتعاش اليد.
- مؤشر الليزر أداة جديدة، قد يركز الجمهور انتباهه عليها، لذلك لا تكثر من استخدامه.

أين تقف؟ وكيف تقف؟

من أهم المشكلات التي تواجه المحاضر هي أين يقف وكيف يقف، والحل هو أن يقف ويكون كتفاه في مواجهة الجمهور بدلاً من مواجهة الوسيلة بكتف والجمهور بالكتف الآخر.

تحضير العرض:

- ضعْ قائمة المراجعة المستخدمة في التدريب لأنها سوف تساعدك على تقديم وعرض أفضل. - تأكدْ من وجود الملاحظات على بطاقات مثلاً بخط كبير مع تجنب القراءة على الجمهور.
- راجعْ في ذهنك أفكارك مرتبة.
- تدربْ على العرض واقفًا في مكان مشابه - ما أمكن - قاعة العرض الأساسية.
- قدمْ عرضًا تجريبيًا يشمل كل الأفكار مع استخدام وسائل الإيضاح كاملة، وليكن محلاً للفيديو.
- راجعْ هذا الشريط مرة وأخرى، وقم بتغيير وملاحظة ما يلزم لتصل إلى الإتقان.

السيطرة على جو العرض:

لابد أن تسيطر على الجو العام للعرض وتظل متماسك الأعصاب مهما ساءت الظروف، فتقديم العرض قد يمر بظروف وعقبات عديدة لم يُخطط لها، لذا عليك كمقدم عرض أن يكون لديك خيارات لأسوأ الظروف وبدائل جاهزة لتفادي أي عارض مع هدوئك التام وثقتك بنفسك، وتأكد أن هذه الوسائل ما هي إلا مساعدة لك في عرضك، المهم هو أنت وثباتك وتحكمك بالموقف.

وهناك نقاط تسع يجب أن تفكّر بها قبل أن تبدأ بالعرض، وهي:

1- جهاز العرض العلوي ومدى جاهزيّته.

2- لوحة الأرقام والأقلام وصلاحيّتها.

3- جهاز عرض الشرائح ومدى صلاحيّة العدسات.

4- أجهزة الكمبيوتر والبرامج، وذلك بفحصها والتأكد من عملها.

5- نشرات التوزيع وكيفيّة ترتيبها وكميتها المناسبة للجمهور.

6- المؤشرات وهل تحتاج إليها، ومدى وجود مؤثر احتياطي آخر.

7- الميكروفونات وتكون بأسلاك تسمح لك بالحركة مع ضبط الصوت المناسب لها.

8- الإضاءة والتوصيلات تكون بحالة جيدة، ويُفضّل ضوء بسيط أثناء عرض الشرائح حتى لا تكون شجماً في الظلام.

9- ترتيب المقاعد في وضع مريح للجمهور ويمنع تشتيت الانتباه كأن يكون المدخل والمخرج في آخر الغرفة.

الارتجال الناجح في الحالات الطارئة:

عندما يُطلب منك الحديث بشكل مفاجئ، ولم تكن معداً لنفسك بشكل مناسب فلا ترتبك؛ لأنك غالباً لديك إلمام عن عملك بشكل جيد، لذا تصرف وفقاً للخطوات التالية:

أولاً: التفكير وترتيب الأفكار:

مثل: رتب أفكارك وعرضك حسب:

1) الماضي - الحاضر - المستقبل.

2) الإنتاج - الدعاية - التسويق.

وتذكر المميزات والعيوب فهي مفيدة في المواقف التي تتطلب إقناعاً.

ثانياً: التحدّث:

1) اذكر بعض الملاحظات التمهيدية لتجمع شتات أفكارك وهدوء أعصابك.

2) كوّن جملة عرض توضح الأفكار الرئيسة أي المحور الذي سوف يدور حوله العرض، ويفضل أن يكون أفكاراً مجزئة.

3) ادخل في لبّ الموضوع بالحديث عن أفكارك المجزئة عن المحور الأساسي للعرض، وليكن عرض الأفكار مثلاً بنمط (الماضي - الحاضر - المستقبل).

4) راجع الأفكار الرئيسة وذلك بإعادتها والتأكيد عليها بإيجاز.

5) ضع خاتمة للعرض؛ فكما بدأت قوياً يجب أن تنتهي بشكل قوي؛ لأنه هو الذي سوف ينطبع في الذهن عند عرضك.

تقديم العرض:

تجنب الثالوث الخطر في العرض والذي يؤدي إلى فشل وهي (التصلب في المكان) رتابة الصوت عدم وجود الاتصال البصري.

يعتمد نجاحك في العرض على عاملين رئيسين هما:

● إدراكك وإلمامك لموضوع العرض.

● أسلوب وكيفيّة تقديم هذا العرض.

إرشادات التقديم:

هذه الإرشادات سوف تساعدك على تقديم عرضي حركي وفعّال ومثير وهي:

1- الوضعيّة: أثناء وقوفك كن منتصباً باسترخاء على أن تكون مواجهاً للجمهور مع توزيع وزنك بشكلٍ متساو على القدمين، ولا تحاول أن تنقل تركيزك من ساق لأخرى بشكل سريع ومستمر؛ لأن ذلك يشتت الجمهور.

2- الحركة: لا تتجمد في مكان واحد وفي نفس الوقت، لا تتمشّ ذهاباً وإياباً أثناء العرض، ولكن تحرك بشكل خطوة أو خطوتين في أي اتجاه، وسواء كنت على منصّة أو لم تكن عليك ألاّ تكون بعيداً عن جمهورك حتى تحقّق الاندماج معهم.

3- توجيه الكتفين: أثناء عرضك وجّه كتفيك نحو الجمهور حتى تحقق الاتصال البصري، وعند وجود وسيلة إيضاح احرص ألاّ تزيد الزاوية بينك وبين الجمهور عن (45 درجة).

4- لا تتكلم إلا بعد حدوث اتصال بصري بينك وبين الجمهور.

5- الإيماءات: تُستخدم الإيماءات للتوكيد في المحادثات دون أن نفكر ونخطط لهذه الإيماءات، بالرغم من ذلك تلعب الإيماءات دوراً هاماً في التقديم والعرض وتزيد من قناعات الجمهور بعرضك إذا استخدمت بشكل مناسب في مكانها المناسب، وإن استخدام إيماءات غير طبيعية سوف يشتت انتباه الجمهور مثل وضع اليدين في الجيوب، وتشبيك اليدين وراء الظهر، والوقوف مكتوف اليدين، وضع اليدين في الخاصرتين، وفرك اليدين بعصبيّة.

الاتصال البصري:

يدل الاتصال البصري مع الآخرين بالثقة بالنفس، بل ويفتح آفاقاً واسعة للتواصل مع الناس، ويساعد على تكوين العلاقات الجيدة، فعند تقديم العرض يتواصل مقدم العرض مع الجمهور بصرياً مما يشركهم في العرض، ويجعل العرض أكثر جاذبية، كما

أن الاتصال البصري يساعد مقدم العرض على الاسترخاء، ويخفف من الإحساس بالعزلة.

دلت التجارب أن أفضل اتصال بصري يكون من 1-3 ثانية لكل شخص، أما إذا كان الجمهور كبيراً فقسّم الجمهور إلى مجموعات مختلفة حتى تتواصل معهم بصرياً على شكل مجموعات، احذر من تجوّل بصرك في الغرفة أو الأسفل أو الأعلى أو تركيز بصرك على شخص أو مجموعة دون غيرها.

استخدام الصوت:

هناك ثلاث مشاكل متعلقة بالصوت وهي:

1) الرتابة: تحدث الرتابة عندما يفقد الصوت نبرته الطبيعية نتيجة القلق بحيث تصبح عضلات الصدر والحنجرة أقل مرونة، مما يخفف تدفق الهواء خلالها، ولتلافي تلك المشكلة عليك بالاسترخاء لتخفف التوتر، كما أن تحريك الجزء العلوي من الجسم يخفّف من حدة التوتر فتشعر بالاسترخاء، ويعود صوتك لوضعه الطبيعي.

2) التحدث بسرعة كبيرة: لا تعتبر مشكلة إلا إذا كان الكلام غير مفهوم من قبل المتحدث، ولكن عندما تقدم عرضاً فنياً أو تقنياً يجب أن تتحكم في سرعة نطقك، ولعلاج ذلك أصغِ لنفسك وأنت تقول آخر كلمة في جملة ما، ثم انتقل إلى الجملة الأخرى، وهذا الأسلوب له دور في جذب انتباه الجمهور واستيعابهم لعرضك.

3) مشاكل طبقة الصوت: عند تقديم عرضك تأكّد من أن الجميع يسمع صوتك بوضوح تام، ولتجاوز هذه المشكلة يمكن إتقانها بالممارسة، ويمكن التدرب على التحكم بطبقات الصوت عن طريق عدة تمارين مثل استعمال غرفة أكبر من غرفة التدريب مرتين للتحكم في طبقات الصوت أو غيرها من التمارين، ومن فوائد طبقات الصوت جذب انتباه واهتمام الجمهور لعرضك.

الفصل الخامس

أساليب السؤال والإجابة:

1- **تشجيع الجمهور على طرح الأسئلة:** الأسئلة هي عبارة عن معيار استيعاب الجمهور لعرضك، لذا بادر الجمهور وارفع يدك واطرح سؤالاً: ماذا لديكم من أسئلة؟ بعدها توقّف لفترة حتى يجمع كل واحد أفكاره ويرتّب سؤاله، ويؤدي رفع يدك إلى تحقيق هدفين:

- إشارة بصرية للبدء في طرح الأسئلة والمبادرة والتشجيع عليها منعاً للخجل.
- التنبيه للمساعدة في حفظ النظام، فالجمهور سوف يرفع يده عند السؤال.

2- **كيفية الاستماع إلى الأسئلة:** عند سماع الأسئلة، احذر من المشي وأنت تستمع إلى الأسئلة، وكذلك من المقاطعة للسائل بقولك - أعرف قصدك جيداً - وكذلك أثناء الاستماع إلى الأسئلة تجنّب الحركات السلبية مثل فرقعة الأصابع أو فرك اليدين بعصبية أو هزّ الرأس بصورة سريعة؛ كل هذا سوف يربك السائل، ويهز صورتك التي رسمتها أثناء عرضك، بل أثناء طرح الأسئلة تخيّل أنك ما زلت تقدم عرضك بحماس وثقة وحيوية. أصغ للسائل؛ لأنك قد تستنتج معلومات أو مشاعر أو نوايا السائل.

3- **الإجابة عن الأسئلة:**

- استعدّ لأصعب الأسئلة وسوف يبدو ما دونه سهلاً، بعض المتحدثين يجهزون وسائل إيضاح لاستخدامها فقط عند الإجابة عن الأسئلة المتوقعة.
- انتبه من جملة: هذا سؤال وجيه ويسعدني أنك قد طرحته، فإن ذلك يدل على عدم ثقة المتحدث في إجابته.
- إذا تلقيت سؤالاً طويلاً فاطلب إيضاحه أكثر فذلك يعطيك وقتاً إضافياً لترتيب أفكارك.
- إذا كنت تشك في عدم سماع أحدهم للسؤال فاطلب تكرار السؤال؛ لأن ذلك يعطيك وقتاً أكثر للتفكير.

- حافظ على نمط أسلوبك الذي بدأت به أثناء الإجابة؛ لأن أي تغيير يوحي بعدم الثقة.
- إذا كنت لا تعرف الإجابة فقل وبصدق - لا أعرف - أو اترك الجمهور في التفكير في الإجابة؛ لأن ذلك يخرجك من المأزق ويحرر أفكارك.
- استخدم قاعدة (25%-75%) أي وجّه 25% من اتصالك البصري إلى صاحب السؤال و75% من الاتصال البصري إلى بقية الجمهور، خصوصاً في الأسئلة الهجومية؛ فذلك يجعلك مسيطراً على المواقف مهما ساءت.
- لا تستخف بأي سؤال أو موضوع يُطرح من الجمهور، واجعل إجابتك بإيجاز غير مخلٍ، وإسهاب غير مخل.

أنماط المتدربين:

الحالـــة	الإجراءات المقترحة
1- الشخص المشاغب	1- احتفظ بهدوئك ولا تدخل معه في جدال. 2- لا تسمح لأي مشارك أن يدخل معه في جدال. 3- استدرجه ليقع في يد الجماعة.
2- الشخص الإيجابي	1- احرص على مشاركته في النقاش. 2- احرص على الاستعانة به. 3- استخدمه لتحقيق فاعلية النشاط.
3- الشخص الدعي	1- لا تسمح له بالسيطرة على المناقشة. 2- عندما يعرض رأياً اطلب إليه تبريره. 3- إذا كانت مبرراته خاطئة اتركه للمجموعة.

الإجراءات المقترحة	الحالـــة
1- قاطعة بلباقة دون أن تحرجه. 2- حدد له الوقت الذي يسمع له فيه بالتحدث. 3- إذا استرسل في حديثه وجه سؤالاً مباشراً إلى مشارك أخر للحديث.	4- الشخص الثرثار
1- اسأله أسئلة سهلة. 2- شجعه على المشاركة. 4- شجعه على الثقة بنفسه.	5- الشخص الخجول
1- تعرف إلى معارفه وخبراته. 2- اكسب صداقته. 3- أشعره بأنك تحتاج لمساعدته.	6- الشخص غير المتعاون
1- اسأله أسئلة مباشرة عن خبراته وعمله. 2- اسأله النصيحة كلما سنحت الفرصة. 3- أشعره بأنك تقدر آراءه.	7- الشخص البليد
1- كن صبوراً في التعامل معه. 2- حاول أن تجذب انتباهه. 3- حاول أن تستفيد من ملاحظته.	8- الشخص المتعالي

ما ينفذ بعد البرامج التدريبية مباشرة:

- تقارير التدريب.
- خطة متابعة التدريب.
- استمارة تقييم البرنامج التدريبي.
- الاختبار البعدي.

تقارير التدريب:

بعد نهاية كل نشاط تدريبي يقوم مسئول التدريب/المدرب بإعداد تقرير حول النشاط التدريبي لأغراض التوثيق، المتابعة والتقييم وذلك على النحو التالي:

محتوى تقارير الدورات التدريبية:

صفحة الغلاف:

1- اسم الجهة (الجمعية / المشروع / البرنامج).

2- اسم الوحدة إن وجدت.

3- تقرير حول الدورة التدريبية في (عنوان الدورة).

4- اسم معد / معدي التقرير.

5- التاريخ.

6- المكان.

بداية الصفحة الأولى:

7- اسم الجهة.

8- اسم الوحدة.

9- تقرير حول الدورة التدريبية في (عنوان الدورة).

10- تاريخ انعقاد الدورة.

11- مكان انعقاد الدورة.

المقدمة:

12- اسم وتاريخ ومكان انعقاد الدورة التدريبية.

13- المشاركون وعددهم.

14- محتويات التقرير.

ترتيبات الإعداد للدورة:

15- كيف ومتى تم تقدير الاحتياجات التدريبية للفئة المستهدفة بالدورة التدريبية.

16- ما هي مبررات انعقاد الدورة.

17- الإطار الزمني لخطوات الإعداد والتنفيذ.

18- التجهيزات المكتبية.

19- التجهيزات المكانية (القاعة).

20- التجهيزات اللوجستية (السكن/ الخدمات / الترحيل .... الخ).

تنفيذ الدورة التدريبية:

21- حفل افتتاح الدورة التدريبية.

22- أهداف الدورة التدريبية.

23- الإطار الزمني للدورة (البرنامج الكلي، الجدول الزمني اليومي).

24- المشاركون (العدد /الأسماء / النوع / الفئات / المناطق...الخ).

25- فريق العمل(المدربين+ الفريق المساعد).

26- تفاصيل برنامج الدورة (المحتوى الذي تم تقديمه في كل جلسة تدريبية).

27- أساليب التدريب التي استخدمت.

28- دور المشاركين في تسيير الدورة.

29- تقييم الدورة (نتائج مؤشر الانطباع اليومي / لوحة التعليقات / ملاحظات فرق التقييم / نتائج تحليل استمارة التقييم /

30- حفل الختام وتوزيع الشهادات.

154

خطة متابعة التدريب:

يتم وضع خطة عمل متابعة التدريب بموجب الالتزام العملي للمتدربين وخطة عمل المدربين للفترة القادمة. الملاحظات والتوصيات.

الملاحق:

31- نموذج لاستمارة التقييم.

32- نموذج لشهادات الدورة..

33- أدبيات الدورة.

نموذج تقييم برنامج تدريبي

استبيان آراء المتدربين حول البرنامج التدريبي

م	البند	✓	اختيار	✓	اختيار	✓	اختيار
1	المكان التدريبي.		مناسب		غير مناسب		إلى حد ما
2	زمان البرنامج التدريبي.		مناسب		غير مناسب		إلى حد ما
3	الوقت الكلي للبرنامج.		مناسب		غير مناسب		إلى حد ما
4	نوعية المحاضرات.		جيدة		متوسطة		ضعيفة
5	الوسائل التدريبية.		مناسبة جداً		ملائمة		غير ملائمة
6	أهداف البرنامج.		المشاركون بحاجة إليها		غير مرتبطة بالواقع		بعيدة عن الاهتمام
7	المحاضر في البرنامج.		جيد		متوسط		ضعيف

8	الإعداد للبرنامج.		جيد		متوسط		ضعيف
9	إتاحة الفرصة للحوار والإقناع.		بشكل كاف		بشكل متوسط		بشكل غير كاف
10	مدى شعورك بأن المواضيع نافعة؟		عديمة النفع بالكامل		نافعاً والبعض لا		أساسية في عملي
11	ما مدى تقديم الموضوعات إليك؟		تقديم مهزوز		معقول		منظم جداً
12	تقديرك للوقت المحدد لكل موضوع؟		وجيز		طويل		طويل جداً
13	هل غيرت الدورة في فهمك للبرنامج؟		نعم		لا		إلى حد ما
14	إذا كانت الإجابة (نعم) فما نسبة التغيير؟		% 40-10		%75-41		%100-76
15	المعلومات التي اكتسبتها من البرنامج		هادفة		هادفة جداً		إلى حد ما
16	ما تعلمته في البرنامج.		قابل للتطبيق		بعيد عن الاحتياج		صعب التطبيق

ما هو الجديد الذي تعلمته في هذا البرنامج التدريبي وستطبقه فور انتهاء البرنامج؟

....

....

....

....

....

....

ما أكثر شيء أعجبك في البرنامج؟ وما هو الشيء الذي لم يعجبك في البرنامج التدريبي؟

....

....

....

....

....

تقويم المدرب

ملاحظات	الدرجة المستحقة	الدرجة	البند	م
		10	الثقة في النفس المصحوب بالود.	1
		10	مهارات توجيه الأسئلة.	2
		10	التشويق والإمتاع والمرح.	3
		10	الحماس والحيوية.	4
		10	وضوح الحقيبة وتصميمها.	5
		10	تقديم الأفكار بطريقة واضحة متسلسلة.	6
		10	مهارة الإقناع والتقديم.	7
		10	مهارة الإنصات.	8
		10	مهارة إدارة الحوار.	9
		10	التعامل مع المتدربين.	10
		100	المجمـوع	

وأخيراً عمل اختبار بعدي للمتدربين نهاية البرنامج إن لزم ذلك.

157

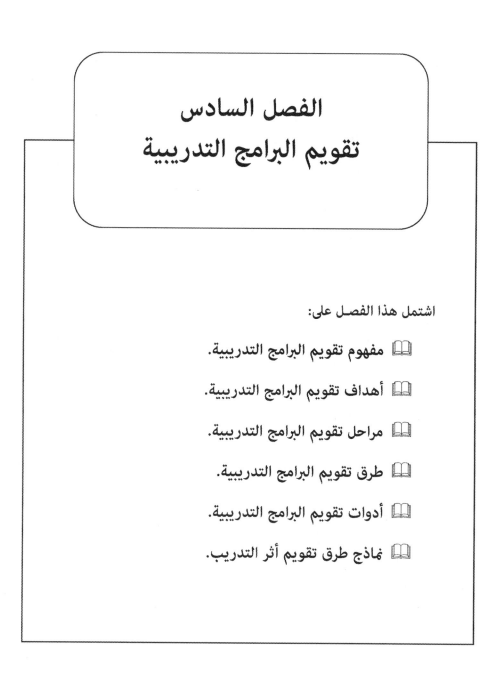

الفصل السادس
تقويم البرامج التدريبية

اشتمل هذا الفصل على:

📖 مفهوم تقويم البرامج التدريبية.

📖 أهداف تقويم البرامج التدريبية.

📖 مراحل تقويم البرامج التدريبية.

📖 طرق تقويم البرامج التدريبية.

📖 أدوات تقويم البرامج التدريبية.

📖 نماذج طرق تقويم أثر التدريب.

الفصل السادس

تقويم البرامج التدريبية

متابعة وتقييم التدريب:

بعيداً عن الإطار الفلسفي حول مفهوم كلمة تقييم وتقويم نقصد في هذا الكتاب بالتقييم هي المرحلة الأولى التي تأتي بعد نهاية البرنامج التدريبي كما ذكر في الصفحات السابقة، ويتم من خلالها رصد نتائج البرنامج التدريبي الذي في غالبه يحتوي على عنصر محتوى التدريب والمدرب والبيئة التدريبية، والتقويم هنا هو المرحلة اللاحقة والمرحلة الأخيرة في العملية التدريبية وهي التي يتم فيها تقييم أثر التدريب، ومن خلال هذا الرصد نستطيع تعديل وتطوير البرنامج التدريبي القادم وكذلك تعديل بعض المظاهر والسلوكيات التي قد تظهر من خلال هذا الرصد والتقييم.

ومفهوم تقييم التدريب يعرف بأنه عملية مستمرة يقصد بها التأكد من أن خطة التدريب يتم تنفيذها بدقة بدون انحراف لتحقيق الهدف النهائي مع التدخل في التنفيذ لإزالة أي معوقات قد تعترض سير الخطة في طريقها المرسوم لتحقيق الهدف النهائي، وقد يكون التدخل أحياناً للتعديل والتطوير في الإجراءات التنفيذية.

مفهوم تقييم التدريب:

هو معرفة مدى تحقيق البرنامج التدريبي لأهدافه المحددة وإبراز نواحي القدرة لتدعيمها ونواحي الضعف للتغلب عليها أو العمل على تلافيها في البرامج المقبلة حتى يمكن تطوير التدريب وزيادة فاعليته بصورة مستمرة.

مفاهيم للتقويم:

أسلوب علمي يتم من خلاله تشخيص دقيق للواقع التربوي واختبار لمدى كفاءة الوسائل المستخدمة والاستفادة من ذلك في تعديل وتسديد المسار التربوي نحو تحقيق الأهداف على وجه أفضل.

تحديد مدى الانسجام والتوافق بين الأداء والأهداف أو بين النواتج الواقعية للتعلم والنواتج التي كانت متوقعة منه.

عملية تهدف إلى تحديد مدى فاعلية البرنامج التعليمي ومدى كفاءة القائمين بالخدمات التعليمية من حيث مواجهة حاجات التلاميذ والمجتمع.

هو الجهود المنظمة التي تبذل للتأكد من مدى النجاح في تحقيق الأهداف التي حددها برنامج الإشراف.

أهداف متابعة وتقييم التدريب:

● التأكد من نجاح البرامج التدريبية في تحقيق أهدافها سواء من حيث التخطيط أو التنفيذ.

● معرفة مدى تحقيق البرنامج لأهدافه بالنسبة للمتدربين ويتطلب ذلك التحقق من سلامة تحديد الشروط الخاصة بالمتدربين وملاءمتها للهدف من التدريب.

● التأكد باستمرار من أن المتدربين ما زالوا متحمسين لتطبيق ما تدرّبوا عليه.

● التأكد من كفاءة المدربين من حيث تخصصهم وخبرتهم وقدراتهم على التدريب، واهتمامهم بتنمية معلوماتهم وقدراتهم الذاتية.

● متابعة التطور العلمي والعملي في المجال الذي يعملون به.

مراحل متابعة وتقييم المتدربين:

(أ)   تقييم المتدربين قبل تنفيذ البرنامج التدريبي: الغرض من تقييم المتدربين قبل تنفيذ البرنامج هو التأكد من أن البرنامج سيقدم إلى المتدربين المحتاجين إليه، وأنهم فعلاً تتوافر فيهم الشروط والعناصر المطلوبة في تصميم البرنامج.

(ب) متابعة وتقييم المتدربين أثناء البرنامج التدريبي:

● ملاحظة المتدربين وسلوكهم، بمعرفة مدى الجهد المبذول منهم تتبع المواد التدريبية، ومدى اشتراكهم في المناقشات وإبداء الآراء.

● ملاحظة تقدم المتدربين والمعلومات والخبرات التي اكتسبوها، والتحسن في مستواهم والتغيير الذي طرأ على سلوكهم.

(ج) متابعة المتدربين بعد التدريب: وذلك من خلال:

● معرفة مدى التطبيق العملي لما تلقوه من تدريب سابق.

● معرفة المعارف والمهارات والاتجاهات التي اكتسبوها من خلال التدريب.

● معرفة الاحتياجات المستقبلية.

طرق تقييم التدريب:

● الامتحانات.

● نسبة الحضور كمقياس لنجاح البرنامج التدريبي.

● استبيان الآراء بواسطة رؤساء عمل المتدرب.

● تقارير تقييم الأداء.

● التجربة.

أنواع تقويم البرامج التدريبية:

يتنوع التقويم في غايته وأهدافه ومنها:

● التقويم التحليلي: ويجري عادة عند مرحلة التخطيط.

● التقويم المرحلي البنائي: ويجري عادة عند تنفيذ البرامج بهدف التعرف على كفاية التحصيل ومدى ملاءمة ظروفه للمتدربين ثم توجيه عليات التدريب حيال ذلك.

● التقويم النهائي الكلي: ويجرى عادة عند انتهاء البرنامج، ويتخذ أساليب عملية أو كتابية أو شفوية، وذلك حسب طبيعة كل برنامج، ويهدف إلى التعرف على درجة تحصيل المتدربين للأهداف التدريبية.

● التقويم الميداني: وهو ما يقوم به المختصون بمتابعة المتدربين في مواقعهم للتحقق من كفاية ما تعلموه لمسؤولياتهم الوظيفية.

أدوات تقويم البرامج التدريبية:

تتعدد وتتنوع أدوات تقويم البرامج التدريبية حسب طبية البرنامج وموضوعات الدراسة وفئات ومستويات المتدربين والإمكانات المتاحة وقدرات المتدربين، ومن هذه الأدوات:

1- الاختبارات: هي عبارة عن أسئلة شفوية أو تحريرية توجه من المدرب إلى المتدربين بغرض الوصول إلى تقويم الأداء.

2- المقابلة: وهي مواجهة شخصية تتم بين مسؤول التدريب وبين المتدربين وذلك من أجل التعرف على مدى اكتسابهم للمعارف والمهارات والاتجاهات، وهي

عبارة عن أسئلة معدة مسبقاً تهدف إلى التعرف على الحاجات التدريبية للمتدربين من خلال مواجهة شخصية بين مسؤول التدريب والمتدربين.

3- **الاستبانة:** وهي عبارة عن استمارة تحوي مجموعة من الفقرات التي تحتاج إلى إجابة عنها ويقوم بإعدادها الخبراء في التدريب ومخططو البرامج والمنسقون وكذلك المدربون وتهدف إلى التعرف على الاحتياجات وتقويم البرامج التدريبية

4- **تحليل المشكلات:** هو أسلوب يعني بقيام المتدربين بدراسة مشكلة معينة وأخذ انطباعاتهم حول أسباب وقوعها وكيفية علاجها، وتحديد الإجراءات اللازمة لحلها

5- **التقارير:** وهي الدراسة المتأنية للتقارير والسجلات لبيان النقاط السلبية التي يمكن علاجها بالتدريب.

تقييم أثر التدريب:

يتم استخدام العديد من الوسائل للحصول على المعلومات لتقييم أداء المتدربين بعد عملية التدريب بفترة لا تقل عن 3 أشهر من انتهاء البرنامج التدريبي.

ويُعتبر استخدام المعايير الكمية والنوعية في الإجابة على أسئلة التقييم الأساسية والمؤشرات المباشرة وغير المباشرة من الوسائل الفعّالة في التقييم.

خطوات التقييم:

1- تحديد أسئلة التقييم: ماذا نريد أن نُقيِّم؟.

2- تحديد أساليب التقييم: كيف نجمع المعلومات ومن أين؟.

3- تحديد مستويات التقييم: ما هي المراحل / الوحدات التي يتم فيها التقييم؟

تقييم أثر التدريب يمكن تنفيذه بالطرق التالية:

1- الزيارات الميدانية للمتدربين، والتحقق من مستوى الأداء.

2- سؤال المسؤولين في المرافق التي يعمل بها المتدرب عن مستوى الأداء.

3- الإطلاع على السجلات والتقارير الخاصة بالأداء.

أساليب المتابعة:

1- إعطاء تكليفات للمتدرب بناء على ما أخذه في النشاط التدريبي.

2- تنفيذ جلسات تدريبية تطبيقية مع المتدرب لاستكمال النقص الذي لم يتم استيفاءه في التدريب.

3- التواصل مع الجهة التي يعمل بها المتدرب لمعرفة التحسُّن الذي طرأ على الأداء وجوانب النقص.

4- هناك استمارة للمساعدة في عملية المتابعة لأداء المتدرب بعد 3 إلى 6 أشهر

نماذج تقويم أثر البرامج التدريبية:

هناك العديد من النماذج المجربة والمختبرة والجاهزة للاستخدام منها:

1- نموذج كريك باتريك:

يحتاج هذا النموذج إلى تجميع وتقييم البيانات من المستويات الأربعة التالية:

● ردود الفعل: عند المتعلم للتدخل.

● التعلم: الذي تم تحقيقه في التدخل.

● السلوك: أي تغيير حصل نتيجة التدخل.

● النتائج: التأثيرات الإيجابية لذلك التغيير في السلوك على المنظمة.

2- نموذج باركر:

وكذلك يحدد هذا النموذج أربع مستويات لجمع البيانات والتقييم وهي:

● رضاء المشارك: ردود فعل المتعلم نحو التدخل كما تحددها الاستبانة.

● المعارف التي أكتسبها المشارك: يتم تقييم التحصيل بالاختبارات السابقة واللاحقة للمهارات والمعارف.

● الأداء في الوظيفة: يقيم بمعايير موضوعية من الأداء الوظيفي بع التدخل.

166

● أداء المجموعة: تقييم نتائج المجموعة ككل وهذا تقييم واسع وأكثر صعوبة.

3- نموذج سايرو:

عبارة عن أربع مجموعات محددة من التقييم هي:

● المحتوى: وهذا يضم الشروط الحالية، وتحديد الاحتياج التدريبي، والأهداف النهائية والمتوسطة والمباشرة.

● المدخلات: وهذا يشمل تقييماً لجميع الموارد المستخدمة في التدخل بما فيها تقييم البدائل الممكنة.

● التفاعل: هذا يعني الجمع المنظم لردود فعل المشاركين أثناء وبعد التدخل.

● النتائج: يتم من خلال أهداف التدريب وإنشاء أداة لقياس تحقيق الأهداف واستخدام هذه الأدوات في الوقت المناسب ومن ثم مراجعة النتائج واستخدامها لتحسين البرامج التالية.

4- نموذج هامبلين:

يحدد هذا النموذج خمسة مستويات من التقييم:

● ردود الفعل: تقييم ردود فعل المتعلم نحو التدخل ويشمل النمط والطريقة والبيئة وأداء المدرب وغيره، ويجرى هذا التقييم أثناء التدخل ومباشرة بعده وفي وقت لاحق.

● التعلم: هذا تقييم للتطور الذي حصل في المعارف والمهارات والاتجاهات ويمكن إجراؤه قبل وبعد التدخل.

● السلوك الوظيفي: التحقق من أن الأداء الوظيفي قد تغير نتيجة للتدخل، ويجب إجراؤه قبل وبعد التدخل.

● الإدارة والمنظمة: قياس الأثر على إدارة المتعلم أو مجموعته وتحليل المنافع والتكاليف للتأكد من ذلك.

● القيمة النهائية: إلى أي مدى أثر التدخل في ربحية أو استمرارية المنظمة.

استمارة متابعة وتقييم المتدرب قبل التدريب

ويتم ذلك بقصد التعرف إلى نواحي القصور في المعارف والمهارات والاتجاهات المطلوب وتطويرها وتقويمها أو تعديلها أو استحداث الجديد منها وهذه العملية تتم عند تحديد الاحتياجات التدريبية ويتم تقييم المتدرب من ثلاثة جوانب.

1- النواحي السلوكية 2- نواحي الأداء 3- المعلومات والخبرات

البيان	العناصر	ضعيف	متوسط	جيد	ممتاز
النواحي السلوكية	● الولاء لوحدة عمله والإيمان بأهدافها. ● الانتظام والحماس للعمل. ● التعاون مع الزملاء. ● تحمل المسئولية والجدية. ● التجاوب مع توجيهات الرئيس.				
الأداء	● معدل أداء العمل ● الاعتناء بالجودة ● الاهتمام بالتحسين ● سياقة الآلات وأدوات العمل ● الحرص على عدم وجود فاقد أو عادم في العمل				
المعلومات والخبرات	● الإلمام بأحدث النظريات العلمية في مجال التخصص ● الإلمام باللوائح والقوانين المنظمة للعمل ● الميل الطبيعي للبحث والاطلاع ● تطبيق النظريات بطريقة سليمة ● التقدم بالمقترحات الجديدة				

استمارة متابعة تقييم للمتدرب في أثناء التدريب

عناصر المتابعة	ممتاز	جيد	متوسط	ضعيف
● المحافظة على مواعيد التدريب				
● التعاون مع الزملاء				
● القدرة على التحصيل				
● الاهتمام بالتدريب				
● مدى الاستجابة لموضوع التدريب				
● المشاركة في المناقشات				
● التعاون مع المدربين				
● القدرة على اكتشاف الأخطاء وتصحيحها				
● طرق الأداء العامة في مجال الدورات التدريبية				

استمارة تقييم المتدرب بعد التدريب

أمثلة من السلوك	متكرر كثيراً	أحياناً	عادة	لا يحدث
● التباطؤ في العمل بشكل مكشوف أو سري. ● يتغيب عن العمل مرات عديدة. ● يصل متأخراً إلى العمل. ● يترك العمل قبل انتهاء المواعيد الرسمية. ● يترك مكتبه باستمرار بدون سبب. ● يتدخل في عمل الآخرين بدون فائدة. ● الإهمال في العمل. ● لا يطيع التعليمات				

نموذج تقييم أثر التدريب

الاسم: .... الجهة: ....

الوظيفة/ المنصب: .... المستوى التعليمي: ....

اسم النشاط التدريبي الذي شاركت فيه: ....

التغير الذي حدث في أدائك نتيجة للمشاركة في النشاط التدريبي:

....

....

(أذكر الأشياء التي أصبحت قادراً على القيام بها بشكل أفضل مما كنت علية قبل مشاركتك في النشاط التدريبي)؟

....

....

ما هو المردود الذي عاد على الجهة التي تعمل بها جراء مشاركتك:

....

....

ما هي الموضوعات التي تحتاج إلى مزيد من التدريب فيها لنفس مجال النشاط التدريبي أو في مجالات أخرىً؟

....

....

* كما يمكن عمل استبانة مشابهة لها مع بعض التغيير تعطي للرئيس المباشر للمتدرب.

الخاتمة

كل خطوة من خطوات العملية التدريبية تحتاج فريق أو شخص مختص حتى نصل إلى مرحلة التدريب الاحترافي التي نريد، بمعنى آخر لو كان لدينا فريق مختص في تحديد الاحتياجات التدريبية وفريق آخر مختص فقط في تصميم البرامج التدريبية وفريق آخر يحترف تصميم الحقائب التدريبية وفريق آخر يتفنن في تنفيذ البرامج التدريبية على الوجه الأكمل والفريق الأخير يقوّم لنا هذه البرامج التدريبية بهذا نصل إلى شركة التدريب الاحترافي، وإن توفرت في شخص واحد كل هذه المهارات نستطيع وقتها أن نطلق عليه المدرب المحترف الذي يجيد القيام بمراحل العملية التعليمية التعليمية باحتراف، وهذا هو الهدف الأساسي من هذا الكتاب الذي خرج نتاج خبرة جيدة في مجال التدريب، وبعد الوقوع في عدد من الأخطاء التي أتمنى أن لا يقع فيها أخواني من المدربين والمدربات، فاليوم نحن لا نحتاج إلى مؤتمرات أو أبحاث تقول لنا أن التدريب مهم أو جدوى التدريب فالتدريب ضرورة للجميع وعلى مستوى أفراد وجماعات وعلى مستوى محلي ودولي بل يجب أن نتخطى هذه المرحلة ونعمل على الوصول إلى التدريب الاحترافي من شأنها أن تعدل الممارسات الخاطئة في الوقت الحالي في ساحة التدريب.

اسأل اللـه العلي القدير أن يوفقني لإيصال هدفي من إخراج هذا الكتاب الذي حرصت أن يكون بلغة بسيطة ومبني على نماذج عملية ومبنى على خبرات علمية وعملية، فإن كان هناك أخطاء فمن نفسي ومن الشيطان وإن ما كتبت صواب فهو نعمه من اللـه عز وجل وصلى اللـه على سيدنا وحبيبنا المختار محمد بن عبداللـه عليه أفضل الصلاة وأزكى التسليم...

المراجع والمصادر

الأيوب، أيوب خالد (2004م) نزهة في التدريب.ط1، الجمانة للاستشارات الإدارية والتدريب الكويت.

برود، ماري، ونيو ستروم، جون (1995م)، تحويل التدريب. ط2. مركز الخبرات المهنية للإدارة، القاهرة جمهورية مصر العربية.

بوثمان، ينكولاس (2005م) كيف تجعل الناس تحبك.ط6. مكتبة جرير. المملكة العربية السعودية.

بوزان، توني (2004م) استخدام عقلك.ط3. مكتبة جرير. المملكة العربية السعودية.

تريسي، وليم (2004م) تصميم نظم التدريب والتطوير، معهد الإدارة العامة، الرياض، المملكة العربية السعودية.

تشارني، ساي، كونواي كاتي (2000م) وسائل المدرب الناجح، الجمعية الأمريكية للإدارة.

توفيق عبد الرحمن (1994م) العملية التدريبية، مركز الخبرات المهنية للإدارة. القاهرة. جمهورية مصر العربية.

توفيق، عبد الرحمن (2003م) كيف تصبح مدرباً فعالاً؟.ط1. مركز الخبرات المهنية ا لإدارية (بميك). القاهرة. جمهورية مصر العربية.

توفيق، عبد الرحمن (2004م) تطوير استراتيجيات التدريب وإدارته. مركز الخبرات المهنية للإدارات وزارة التربية والتعليم -الرياض-المملكة العربية السعودية بالتعاون مع المركز العربي التربوي لدول الخليج.

توفيق، عبد الرحمن (2004م) التدريب الأصول المبادئ العلمية. مركز الخبرات المهنية للإدارة (بميك). القاهرة. الجمهورية المصرية العربية.

توفيق، عبدالرحمن (2005م) مهارات أخصائي التدريب، مركز الخبرات المهنية الإدارية (بميك). القاهرة. جمهورية مصر

جلاس، ليليان (2004م) أعرف ما تفكر فيه. ط3. مكتبة جرير. المملكة العربية السعودية.

حسنين، حسين محمد. (2000م) بناء المواد والأنشطة التدريبية، جمعية عمال المطابع الوطنية.

حسنين، حسين محمد. (2001م) أدوات للتقويم في إطار التدريب والتعليم..ط1. دار مجداوي للنشر والتوزيع. عمان الأردن.

حسنين، حسين محمد. (2004م)، تدريب المدربين (TOT)، دار مجداوي للنشر والتوزيع. عمان الأردن.

حسنين، حسين محمد. (2004م)، تقويم التدريب، دار مجداوي للنشر والتوزيع. عمان الأردن.

الحليبي، خالد بن سعود (2005م) فن الإلغاء والتأثير. ط1. حقوق الطبع محفوظة لبيت الأفكار الدولية. عمان، الأردن.

الحمادي، علي، (1999م) 555 طريقة ووصية لتصبح مدربا ناجحا، دار ابن حزم، الرياض.

حمدان، محمد زياد، (1991م) تصميم وتنفيذ برامج التدريب، دار التربية الحديثة.

الخطيب، أحمد والخطيب، رداح (2002م)، الحقائب التدريبية، دائرة المكتبة الوطنية، المملكة العربية السعودية.

دليل الممارس التنموي، (2005م)، http://www.fao.org/wairdocs/af

الدولية، فريق بين الأفكار (بدون). التدريب الفعال. ط1. حقوق الطبع محفوظة بيت الأفكار الدولية. عمان، الأردن.

المراجـع والمصادر

الديب، إبراهيم (2006م) دليل إدارة الموارد البشرية، مؤسسة أم القرى للنشر والتوزيع، السعودية.

السمري، طلعت (2003م) التدريب بين النظرية والتطبيق.ط1. مكتبة النهضة المصرية. القاهرة. جمهورية مصر العربية.

سميث أرثروديل (2005م) كيف تنتصر على ذوي الطباع الصعبة..ط1. مكتبة جرير. المملكة العربية السعودية.

السويدان، طارق محمد (2004م) مرن عضلات مخك. ط3. قرطبة للنشر والتوزيع، الإبداع الخليجي. الكويت.

الشاعر، عبد الرحمن بن إبراهيم (1991م) أسس تصميم وتنفيذ البرامج التدريبية. ط1. دار ثقيف للنشر والتأليف. الرياض، المملكة العربية السعودية.

شريف، غانم سعيد وسلطان، حنان عيسى (1982م) الانجازات المعاصرة في التدريب أثناء الخدمة التعليمية. دار العلوم للطباعة والنشر، الرياض. المملكة العربية السعودية.

العامري، محمد شيبان، (2006 م)، حقيبة تدريب المدربين.

العسلي، هشام، (2007م)، حقيبة تدريب مدربين.

فليب، جاك وستون فلاون (2003م) الاستثمار لبشري مركز الخبرات المهنية للإدارة - بميك - القاهرة، جمهورية مصر العربية.

الفليج، يوسف بن فهد (2003م) قيادة عمليات التدريب. ط3. الطبقة الثالثة. المملكة العربية السعودية.

القعيـد، إبراهيـم بـن حمـد والمبـارك، خالـد عبـد العزيـز (2003م). ط1. المرشـد الشخصي للـسعادة والنجاح.

المراجــع والمصادر

كوك، مارشال (2005م) التدريب الفعال، بيت الأفكار الدولية للنشر والتوزيع.

مانديل، ستيف، (2005م) سلسلة التطوير الإداري – مهارات العرض والتقديم، دار المعرفة للتنمية البشرية، الرياض.

المبيضين، عقلة محمد وجرادات، أسامة محمد (2001م) التدريب الإداري المرجع بالأداء. المنظمة العربية للتنمية الإدارية، جمهورية مصر العربية.

معمار، صلاح صالح، (2007م)، حقيبة تصميم وتحليل الاحتياجات التدريبية.

معمار، صلاح صالح، (2008م)، تقويم البرامج التدريبية المقدمة لمعلمي العلوم بالمرحلة المتوسطة بمنطقة المدينة المنورة، دراسة ماجستير، جامعة أم القرى، مكة المكرمة.

معمار، صلاح صالح، وآخرون، (2008م)، حقيبة المدرب المحترف، المجلس العربي للمدربين المحترفين، العين.

هارت، لوي (2002م) وسائل التدريب الفعالة.ط. دار الفاروق للنشر والتوزيع. القاهرة. جمهورية مصر العربية.

هلال، محمد عبد الغني حسن (2001م) التدريب الأسس والمبادئ. ط1. دار المكتب. مركز تطوير الأداء والتنمية. مصر الجديدة.

هولتون، بيل وهولتون، تستر (1998م) الدليل العملي لتدريب المديرين.ط1. الشركة العربية للإعلام العلمي شعاع مدينة نصر. القاهرة. جمهورية مصر العربية.

178

السيرة الذاتية للمدرب والمؤلف

الاسم: صلاح صالح درويش معمار

- مكان الميلاد: بلومنجتون بالولايات المتحدة الأمريكية.
- دكتوراه في إدارة وتنمية الموارد البشرية من جامعة كولمبوس بأمريكا.
- ماجستير مناهج وإشراف تربوي من جامعة أم القرى بالسعودية.
- الحصول على أكثر من 100 دورة تدريبية (أكثر من 2000 ساعة تدريبية).
- مشرف تدريب تربوي بالإدارة العامة للتربية والتعليم بمنطقة المدينة المنورة.
- مدرب معتمد من المؤسسة العامة للتعليم الفني والتدريب المهني.
- مدرب معتمد ومحترف من المركز الكندي للتنمية البشرية CCT.
- مدرب معتمد للبرمجة اللغوية العصبية من المركز الكندي CCTNLP.
- مدرب معتمد لبرنامج كورت التفكير CORT من مركز ديبونو للتفكير.
- مدرب ومشارك في تأليف مادة مهارات التفكير بجامعة الملك سعود.
- مدرب معتمد في الأكاديمية العالمية لإعادة الاتزان البشري.
- مستشار ومدرب معتمد لبوصلة التفكير (مقياس هيرمان) HBd.
- مستشار المجلس الوطني لتعليم التفكير.
- عضو الجمعية السعودية للعلوم التربوية والنفسية (جستن).
- عضو الجمعية السعودية العلمية للمناهج والإشراف التربوي (جسما).
- عضو الجمعية العربية لرعاية الموهوبين.
- عضو مركز دي بونو لتعليم التفكير.
- عضو مؤسسة الملك عبدالعزيز ورجاله لرعاية الموهوبين.
- عضو المركز الكندي للتنمية البشرية.
- عضو الأكاديمية البريطانية للتدريب.
- مؤلف كتاب علم التفكير (دار ديبونو للنشر، عمان 2006).
- مؤلف كتاب 6 طرق لتنمية تفكير طفلك (دار ديبونو للنشر، عمان، 2008).
- مؤلف كتاب الأمن الفكري باستخدام مهارات التفكير (تحت الطبع).
- صاحب برنامج مهارات التفكير على قناة النجاح.
- مؤسس أكاديمية الفكر والإبداع على الشبكة العنكبوتية www.memar.net